中华文脉
SINIC
CONTEXT

从 中 原 到 中 国

王战营 / 主编

中华文脉
SINIC CONTEXT

从中原到中国

王战营 / 主编

宋朝小日子

千年前的人间烟火

吴钩 著

河南文艺出版社
·郑州·

图书在版编目(CIP)数据

宋朝小日子:千年前的人间烟火 / 吴钩著. --郑州:河南文艺出版社,2024.8(2025.3 重印)

(中华文脉:从中原到中国)

ISBN 978-7-5559-1695-6

Ⅰ.①宋… Ⅱ.①吴… Ⅲ.①中国历史-宋代-通俗读物 Ⅳ.①K244.09

中国国家版本馆 CIP 数据核字(2024)第 091590 号

宋朝小日子:千年前的人间烟火

吴钩 著

选题策划:杨彦玲　刘晨芳

责任编辑:崔晓旭

责任校对:赵红宙

封面设计:吴　月

责任印制:陈少强

出版发行:河南文艺出版社

本社地址:郑州市郑东新区祥盛街 27 号 C 座 5 楼

经　　销:新华书店

承印单位:河南瑞之光印刷股份有限公司

开　　本:700 毫米 × 1000 毫米　1/16

印　　张:18.5

字　　数:246 000

版　　次:2024 年 8 月第 1 版

印　　次:2025 年 3 月第 2 次印刷

定　　价:79.00 元

印厂地址　河南省武陟县产业集聚区东区(詹店镇)泰安路

邮政编码　454950　　电话　0371-63956290

序：近距离观看宋朝人如何过小日子

这是一本讲宋朝小市民如何过小日子的小书。

一些朋友可能知道，喜马拉雅有一档由影视明星刘敏涛女士演绎的历史类音频节目，叫《宋朝小日子》，制作十分精良，颇受听众欢迎，截至 2023 年 8 月，播放量已超过 2280 万次。为什么要提起《宋朝小日子》，因为这个节目的剧本正是我撰稿的。当时与喜马拉雅约定，由我主笔撰写这档音频节目的稿本，授权他们使用稿本录制音频。如今稿本的文字版权已到期，回到我的手里，考虑到节目内容反馈不错，但传播范围毕竟只限于用耳朵收听的听众朋友，习惯用眼睛阅读的读者朋友也许未有机缘了解具体内容，而且关于宋朝人的生活史也确实值得今人重温，所以我决定将《宋朝小日子》的文字稿整理成图书形式。

由于文稿原本是用于录制音频的剧本，自然具有一些适宜听而不太适宜阅读的特点，这次整理、修订，必须将这些地方一一更改过来。剧本也不适合引用文献原文，但文献记载又是我们真切了解宋人社会生活的最佳窗口，所以在修订时又增补了一些必不可少的文献资料，使内容更为丰满一些。好在我对这类题材已经轻车熟路，所以不致花费太长时间。

整理成书稿后，交由河南文艺出版社出版。河南文艺出版社的几位编辑老师曾千里迢迢从郑州跑到广州向我约稿，而我应承下来之后却由于杂务缠身，迟迟未能交稿，心里很是愧疚。这部书稿必须交给他们了。恰好河南文艺出版社近些年每年都会推出宋朝题材的文创，雅致而富有烟火气，与本书内容很是般配。

既然我们要讲宋朝人怎么过他们的小日子，那么我们肯定不会将重心放在宏大叙事上，不会讲宏观的政治、法制、经济层面的事，而是聚焦于宋朝人的日常生活，选取风雅的、有趣味的、富含现代气息的宋人生活侧面，用生动的语言、场景化的描述及细节捕捉将其呈现出来。根据讲述内容的不同，我将全书分为8辑，每辑6篇文章，一共有48篇正文。

第一辑，我们将把视线放在宋朝人的日常生活中，讲他们如何刷牙、洗澡、逗猫、找家政服务、聊十二星座、叫外卖等，主场景是家庭，主旨是表现宋人生活的现代气息。

第二辑，我们讲述的主场景也是家庭，但关注的侧重点是宋人生活中的风雅时尚，讲讲宋朝三大雅事：点茶、插花、焚香，以及簪花、刺青、化妆等宋人生活时尚，主旨会强调宋人生活的风雅。

第三辑，主场景还是家庭，但关注点会转到宋朝女性身上，讲讲她们如何相亲、婚后地位、是否可以提离婚、是否有财产权等等。通过这几个侧面的再现，我们会看到一个个立体的宋朝女性。

第四辑，我们的主场景将从室内转到室外，到宋朝的市井看看。我们会重点介绍宋朝人最喜爱的茶坊、酒楼、美食店，以及各种美酒、美食，跟吃喝有关，让读者由衷感受到宋代真是吃货的黄金时代。

第五辑，讲了"吃喝"，当然还要讲"玩乐"。这一辑我们会集中讲讲宋朝人怎么玩，包括玩马球、玩相扑、玩足球、看娱乐表演等等。我们要说的并不是体育运动，而是宋朝人的生活方式。

第六辑，"玩乐"的延伸，从"玩乐"到"游玩"，重点放在"游"，讲讲宋朝人最流行的出游方式。

第七辑，出游需要空闲时间，所以，在这一辑中，我们会介绍宋朝人的节假日，以及几个重要节日的有趣活动。这些节日活动是宋朝的特色，与我们今天的节日过法很不一样。

第八辑，前面我们对宋人生活各个侧面的讲述，都会落到一个主线上：宋人的小日子过得很风雅、很精致、很有现代气息，而这一切需要有一个物质基础，那就是经济上的繁荣。所以，这一辑，我们就来讲讲宋朝的商业繁华。我们不会讲宏观经济，而是将目光投到生动的城市市井生态上，看看宋朝的商业广告、宋人所用的钞票、平民的日收入、繁华的夜市等等。

我们的第一篇文章是从宋人的早晨开始的，而最后一篇文章将定格于宋朝的夜晚，从而形成"宋朝小日子"的闭环。

熟悉我的朋友应该知道，这些年我出版了几本介绍宋朝生活的小书，如《宋：现代的拂晓时辰》《风雅宋：看得见的大宋文明》《好一个宋朝》等，不过这本书的风格跟前作相比，差异还是很大的，主要体现在三点：其一，本书的行文保留了大量生动的人物对话与情景描绘，富有画面感，希望你读着有亲临其境之感；其二，本书的文字更加晓白，引用的文言文都作了翻译或解释；其三，本书的文章中穿插了众多小故事，通过小故事反映宋人的社会生活。概言之，这本书要比我的其他作品更适合大众阅读，可读性更强一些。为了让我们描绘的宋人生活更加可视化，我还选取了50余幅与内容相关的古画和宋代器物图片作为配图。阅读这些图文，我们就如同来一场穿越宋朝之旅。

说到穿越，曾有不少朋友问我：你写了这么多关于宋朝的文章，如果让你穿越，你是不是会选择宋朝？我也注意到，不少文化名人都表示"我愿意生活在宋朝"，比如财经作家吴晓波先生说过："有杂志给我发问卷：'如果你能穿越，最喜欢回到哪个朝代？'我想了一下说：'宋朝吧。'"清华大学教授刘东先生也说："我最愿意去活一次的地方，无疑是在10世纪的中国汴京。对于天水一朝的文物之盛，我是那样地心往神追……"

但是，如果你问我："你想穿越到宋朝吗？"我的答案是："不愿意。"原因很简单，因为古代没有互联网，没有手机，没有电影、电视剧，没有汽车、飞机、高铁，没有抽水马桶，没有大型的超市，生活无疑比现代社会不便得多。

但是，如果有人非要穿越，我会建议他选择宋朝。我们不妨把穿越到宋朝，与穿越到其他朝代的后果做个对比。

作为一个普通的现代人，如果穿越到宋朝，要比穿越到唐朝、明朝、清朝更容易适应一些。因为宋人的生活与我们熟悉的现代生活比较接近，穿越到宋朝生活，我们的不适感会轻一些。若是穿越到其他王朝，你可能会感到极大的不适。比如说唐朝，别看"大唐盛世"的名声很好听，但真让现代人穿越到唐朝，就会随时受不了，不说别的，就说唐朝的宵禁，每天一入夜，街路就要清场，你要是夜晚上街溜达，便属于"犯夜"，会被抓起来打板子的。

想象一下：如果你生活在唐朝，在酒店里喝酒吃饭，天快黑了，店小二突然来赶你走："客官，天快黑了，你赶紧走吧。"你说："可是，我还没吃完呢。"店小二说："没吃完也没办法，小店马上就要打烊了。"你说："不能等一下吗？"店小二："等不了。街鼓快要敲响了，你再不走，就走不了啦。"你想想，碰到这种情况，该多么扫兴。但你也不能怪店小二，他是为你好。因为按唐朝的宵禁制度，街鼓一响，宵禁开始，你走出酒楼回家，很可能就会被巡夜的官兵抓起来。

如果你穿越到明朝，特别是明初呢？恐怕会更加不适应。因为明朝恢复了唐朝时严厉的宵禁制度，你如果是宅男，倒也无所谓；若是习惯过夜生活的夜猫子，就很难受了。而且，明朝还不允许居民自由外出，农民的活动范围限在一里之内，必须朝出暮入。你若想出一趟远门，必须先向户籍所在地的官府申办一份通行证，当时叫作"路引"。如果你没有申请路引就出远门，那是会被抓起来治罪的，轻则打板子，重则杀头。

如果你穿越到宋朝，情况就不一样了。宋朝时，宵禁制度已经松弛下来，夜生活开始丰富起来；人们出远门也不需要开具路引，你想出远门，只要带足路费，随时都可以走，只有在进出要塞的关禁时，才需要办理通行证。

总而言之，宋朝式的小日子，现代人过起来会更容易适应一些。

但我讲述宋朝人的小日子，可不是为了引诱你穿越。现代人嘛，还是生活在现代更好。我只希望这本小书能够为你打开一扇近距离观察宋人生活的窗口，从而领略蕴藏在我们历史与传统中的日常之美，学会感受过小日子的美好。

目　录

第一辑　日常的风韵

　　1000 年前的宋朝人过着富有现代气息的小日子。他们跟我们一样，每天早上用牙刷刷牙，甚至用上牙膏，经常洗澡，养宠物，乐此不疲当"铲屎官"，跟朋友聊"十二星座"，有时懒得做饭了也会叫外卖……除了不能享用高科技产品之外，宋人的生活习惯与我们没什么两样。

第二辑　雅致的风尚

宋朝是一个崇尚风雅的时代，我们不妨称其为"风雅宋"。今人正在复刻的四大雅事（焚香、点茶、挂画、插花）即盛行于宋代的士大夫群体间，而且这种雅致的生活并不排斥市井俗夫，并非不食人间烟火；恰恰相反，它还深入于宋朝市民的日常生活中。

第三辑　闺中的风采

许多人都以为宋代是女性受到严厉束缚的时代，但事实并非如此。宋朝的女子可以穿着素雅又透出小性感的抹胸+褙子，落落大方，可以当厨娘、女掌柜等职业女性，在订婚之前可以跟男方相亲，可以以奁产的形式从父母那里得到一笔财产，婚后在若干情况下可以主动提出离婚……

第四辑 　饮食的风味

宋代可谓是吃货的黄金时代，煎、烤、炸、炒、煮、蒸等烹饪手法在宋朝已经成熟，同一种食材，可炒可煎，可蒸可煮，可油炸，可腌渍，可生吃。宋朝城市到处都是食店饭馆，一般的大排档都可以提供多种多样的菜品，高档一点儿的饭店，更是以丰盛的菜肴吸引食客，"不许一味有缺"，任顾客挑选。

第五辑 贪玩的风气

宋人不但追求舌尖上的享受，也喜欢玩乐。马球、"足球"、"高尔夫球"、相扑，都是宋人最爱玩的体育运动，不但有全国性的足球锦标赛、相扑大赛，平日里也有商业性的足球表演赛、相扑表演赛；不但男子会在竞技台上大展身手，女子也可以当相扑手，与男子一争高下。几乎每一个宋朝城市都设有供市民玩乐的瓦舍勾栏，人们可以尽情地吃、喝、玩、乐。

第六辑 在途的风景

宋人热爱旅游。寄情于山水的士大夫自不待言，寻常百姓也有出游的兴致，甚至穷人也热衷于游玩："至如贫者，亦解质借兑，带妻挟子，竟日嬉游，不醉不归。"据说现在"贷款旅游"是时尚新潮，殊不知南宋的临安人早就这么玩了。因为旅游业的兴起，宋代还出现了职业导游以及旅游地图，方便人们来一场说走就走的旅游。

第七辑　佳节的风情

有人说，中国的传统节日更多地强调对秩序、礼仪的遵从，具有强烈的驯化人、抹杀个性的目的，所以不为年轻人喜欢。真的是这样吗？当然不是。宋代的七夕，是精巧玩具商品的展销会，市井烟火气浓厚；中秋节，全民欢饮；春节，朝廷会放开关扑（博彩）三天；即使是清明节，也是全民出游的欢快节日；最为盛大、热闹的狂欢节是元宵节，闹元宵的一个"闹"字，可有半点儿"强调对秩序、礼仪的遵从""驯化人、抹杀个性"的意味？

第八辑　商业的风光

宋朝是一个上自官府、下至庶民都注重商业发展的王朝。海外贸易的繁盛让许多宋朝人都用上了进口货，激烈的商业竞争让宋朝商家早早懂得了如何打广告吸引眼球，商品经济的活跃催生了世界上最早的纸币与有价证券，夜经济的兴起让宋朝社会突破了由来已久的宵禁制度的束缚……

第一辑　日常的风韵

1000 年前的宋朝人过着富有现代气息的小日子。他们跟我们一样，每天早上用牙刷刷牙，甚至用上牙膏，经常洗澡，养宠物，乐此不疲当「铲屎官」，跟朋友聊「十二星座」，有时懒得做饭了也会叫外卖……除了不能享用高科技产品之外，宋人的生活习惯与我们没什么两样。

宋人的早晨，从刷牙开始

假如你是一个寻寻常常的南宋市民，居住在都城临安（今杭州）的寓所里，正是暮春时节，昨晚滴滴答答下了一夜的小雨，不过睡梦中的你并不知晓。清晨时分，你才被响亮的报晓声叫醒。报晓人以洪亮、悠扬的嗓音喊道："天有小雨——"

这报晓之人，是临安各寺庙的行者、头陀。每日清晨，天未大亮，临安诸山寺便开始鸣钟，宣布新的一天开始，各个庵舍寺院的行者、头陀，也敲着铁板儿或木鱼儿，沿街报晓，提醒市民们：各位街坊，天亮了，可以起床了。

报晓人在报晓的同时，还会报天气。若是阴天，报晓人会喊："天色阴晦——"若是晴天，报晓人则喊："天色晴明——""早些起身上班——"

这可不是我们今人的虚构。南宋笔记《梦粱录》即有记载："每日交四更，诸山寺观已鸣钟，庵舍行者头陀，打铁板儿或木鱼儿沿街报晓，各分地方。若晴则曰'天色晴明'，或报'大参'，或报'四参'，或报'常朝'，或言'后殿坐'；阴则曰'天色阴晦'；雨则言'雨'。"所谓"大参""四参""常朝"与"后殿坐"，是指不同层次的京官要参加的不同朝会，报晓人这是在提醒散居在城内诸坊的士大夫、公人：今早天色晴明，是"大参"或"常朝"的日子，该起床准备啦。

这样，在宋朝，人们不用起身出门，便能知道今天的天气如何。在报晓声中，你从睡梦中醒来，起床洗漱。我们现代人每日早晨起床，第一件事就是刷牙洗脸。那么宋朝人也要刷牙吗？

　　清代小说《红楼梦》写林黛玉初进贾府，贾母给她洗尘接风，有这样一个场景："早见人又捧过漱盂来，黛玉也照样漱了口。盥手毕，又捧上茶来，这方是吃的茶。"

　　你看，贾府的人，每天餐后，要先用茶水漱口，然后才开始喝茶。

　　《红楼梦》第二十一回还有一处涉及口腔卫生的细节描写：一日，天方明，贾宝玉便披衣靸鞋，往黛玉房中来了，等着林黛玉、史湘云起床，紫鹃、翠缕进来服侍梳洗，湘云洗了面，翠缕拿了残水要泼掉，宝玉说："站着，我趁势洗了就完了，省得又过去费事。"说着便走过来，弯腰洗了两把。紫鹃递过香皂去，宝玉说："这盆里的就不少，不用搓了。"再洗了两把，便要手巾。翠缕道："还是这个毛病儿，多早晚才改。"宝玉也不理，要过青盐擦了牙，嗽了口，完毕。

　　这个细节透露：贾府里的公子爷、小姐姐，每日早晨清洁牙齿的方法是，用手指头蘸着青盐擦牙。似乎没有用牙刷。

　　那贾府有没有牙刷？有的，《红楼梦》第五十二回写晴雯抱病补孔雀裘："补两针，又看看，……补不上三五针，便伏在枕上歇一会。……一

出土的宋代牙刷骨柄，开封博物馆展品

时只听自鸣钟已敲了四下，刚刚补完；又用小牙刷慢慢的剔出绒毛来。"晴雯补好孔雀裘后，用一把小牙刷剔出孔雀金线的绒毛，以让补丁显得更自然一些。但这里的小牙刷，是不是刷牙用的，我们无法判断。

从小说的描述来看，贾府的公子爷、小姐姐，平日用茶水漱口，用青盐擦牙，并没有使用牙刷。那么，如果贾宝玉生活在宋朝，他会用牙刷刷牙吗？

我们要先看看牙刷究竟是什么时候发明的。网上有两种说法流传颇广，一种说法认为，牙刷是1498年明朝的中国皇帝发明的；另一种说法是，牙刷是1780年一个叫威廉·艾利斯的英国皮匠在伦敦监狱里发明的。

要我说，这两个说法都是不靠谱的，因为从文献记载来看，至迟宋代，临安等大城市的市民就已经用上牙刷了，哪里还需要等到明朝。

有一个南宋文人，叫吴自牧，写了一部记录南宋都城市井繁盛的笔记，即我们前面引用过的《梦粱录》。《梦粱录》收录有一个"诸色杂货"名单，上面罗列了南宋临安商铺销售的各类小商品，其中就有"木梳、篦子、刷子、刷牙子……"，这里的"刷牙子"便是牙刷了。

《梦粱录》还收录了一个"铺席"名单，亦即南宋临安的名牌商店，有"凌家刷牙铺""傅官人刷牙铺"，这两家，都是专营牙刷的名店。我们不妨想象一下，这两家牙刷店会怎么打广告招揽顾客——

凌家刷牙铺："走过路过，不要错过。进来瞧一瞧、看一看，凌家刷牙铺，刷牙子买三送一。"

傅官人刷牙铺："只选对的，不选贵的，牙刷就选傅官人刷牙铺。"

牙刷既然是市场上销售的小商品，你掏点钱便可以买到，那它当然是南宋人家常见的日用品。贾宝玉如果是宋朝人，当然也会用牙刷刷牙。

南宋的医书也多次提到刷牙。有的医书说："每日清晨以牙刷刷牙，皂角浓汁揩牙，旬日数更，无一切齿疾。"（见《严氏济生方》）有的医书却说："早起不可用刷牙子，恐根浮兼牙疏易摇，久之患牙痛。盖刷牙子皆是马尾为之，极有所损。"（见《琐碎录》）可见，至少有一部分宋朝人已经养成了每天早晨刷牙的习惯，不过有的医生不赞成使用马尾毛做的牙刷，因为马尾毛比较硬，容易损伤牙齿。

还有的医书提倡小朋友经常刷牙，因为小朋友贪吃酸甘、肥腻之类的食物，食物残渣往往会塞在牙缝里，如果久不刷牙，牙龈就容易发炎，牙齿也容易坏掉。

宋朝人使用的牙刷是什么模样的？其实和我们现在使用的牙刷没什么两样，只是刷柄是虎骨、象牙、牛角或者竹木制成的，刷毛是猪鬃毛、马尾毛或马鬃毛制成的。今天我们在一些博物馆还可以看到出土的宋代骨制牙刷柄。

那么，宋朝一把寻常的牙刷卖多少钱呢？恰好元朝有一本高丽人编写的汉语教材，叫作《朴通事谚解》，介绍如何用汉语与中国商贩打交道，其中便有关于买卖牙刷的讨价还价。

顾客："卖刷子的请过来，这帽刷、鞋刷各一个，牙刷两个，掠头两个，怎么卖？"

商贩："我与你说个实价，拿200铜钱来，哥，我再送你一个牙刷、一个掠头，拿去使用。咦，你身上没带袋子，这么多东西，你可不要掉了。"掠头，就是宋元人对梳子的叫法。

顾客："不妨事，我放在靴鞡里，揣回去。"

听了这商贩与顾客的对话，我们可以知道，元代时，一把帽刷、一把鞋刷，加上三支牙刷、三把梳子，总共要价200文钱。如果忽略了几种小商品的价差，牙刷的单价大约25文钱。宋元相隔不远，商品价格差不多。一个宋朝下层市民的日收入大约是100至300文钱，一支牙刷顶多是他日收入的四分之一，不算特别贵，一般市民应该买得起。

总之，宋朝人的早晨是从刷牙开始的，他们每日刷牙，像我们一样用上牙刷。我们不要以为古人只能用手指蘸着食盐擦牙齿。

　　其实呢，宋朝人不但有牙刷用，还用上了牙膏、牙粉。宋代的一些官修医书，如《圣济总录》《太平圣惠方》等，都收录有"揩齿"药方，这些方子制作出来的成品为膏状物，类似于今天的牙膏。

　　想看看宋朝人的牙膏是什么样子的吗？我从《太平圣惠方》中抄录两条牙膏方子，诸位若有兴趣，不妨按方配制出来，试一试宋朝人使用的牙膏：一、"柳枝、槐枝、桑枝煎水熬膏，入姜汁、细辛、芎䓖末，每用擦牙。"二、"盐四两，烧过；杏仁一两，汤浸、去皮尖双仁；右件药都研成膏，每用揩齿甚佳。"

　　元代医书《医垒元戎》也记载有一个从宋朝传下来的"陈希夷神仙刷牙药"方子，制作出来则是牙粉：用猪牙皂角、生姜、升麻、荷叶等药材，加入青盐烧炼，炼成后，研为细末备用。使用时，"蘸药刷上下牙齿，温水漱口，吐之"，使用方式跟我们今日用牙刷与牙膏刷牙差不多。

　　不过，宋朝的牙膏与牙粉是作为保健品、药品出现的，并不是日用品，市场上似乎也未见到。到了清代，牙粉便是可以在市场上买到的小商品了，因为清代一些小说都写到"买牙粉"。最受清代市民欢迎的牙粉，是从西洋进口的牙粉，因为它们的品质很好，所以"家置户有，人多好之"——这话是康有为说的。

　　假如你是生活在都城的南宋市民，每天在报晓声中醒来，起床洗漱，取出一柄用牛角与马鬃毛做成的牙刷——想象一下，宋朝的人和我们清晨醒来第一件事，都是用牙刷刷牙，宋朝的小朋友或许还会被父母或者丫鬟拉着去刷牙，满脸不情愿。从这点看，是不是觉得我们和宋朝人有了更多相似之处呢？

想洗澡吗？请来香水行

如果你行走在宋朝城市的街巷中，看到有一个店铺打出"香水行"的名号，门口又挂着一个水壶，你千万别以为那是卖巴黎香水的商店。其实那是一家公共浴堂。若有客人光顾，浴堂的伙计会热情地上前打招呼——

浴堂伙计："官人，您来了，这是给您的茶。"

客人："嗯。"

浴堂伙计："您是第一次光顾咱们香水行，今天是泡澡还是搓背？"

客人："这儿都有什么呀？"

浴堂伙计："咱这儿是这条街上最大的一家，咱家有搓背、梳头、刮脸、修脚，您做完之后，还可以尝尝咱自家酿的小酒，很爽快的。"

客人："嗯，那就都试试吧。"

浴堂伙计："好嘞！您里边请！"

宋朝的公共浴堂服务很周到，有些浴堂前屋设了茶室，供人饮茶休息，后屋才是供人沐浴的浴堂；有些浴堂可以"有男女仆人服侍入浴"，从沐浴更衣到搓背，顾客都可以享受到服务。一些大型的公共浴堂设施更加齐全，不但设了存放衣裳、帽子、靴子的木柜，还将整个浴堂分成几个功能区：

从里往外，最里间是浴室，第二间是休息室，第三间是服务室。客人来洗澡，可以先到里间浴池里洗一会儿，再到第二间里睡一觉，又去里间洗一洗、搓一搓，然后到服务室梳头、刮脸、修脚，穿好衣服吃几盏酒，整个人焕然一新。哎，今天大都市SPA（一种水疗保健项目）中心的服务，也不过如此吧。如果这些浴堂再提供些面膜、精油，就跟今天的SPA更像了。

注意个人卫生的宋朝人，洗澡很勤快，北宋时有一个叫蒲宗孟的士大夫，是苏轼、王安石的朋友，他对个人清洁最为讲究。

蒲宗孟将日常洗漱分成了六种。每天，他先是小洗面、大洗面各一次，小洗面只换一次水，大洗面要换三次水，清洁部位从脸部到肩颈；然后，小濯足、大濯足各一次，小濯足只换一次水，只洗脚踝，大濯足要换三次水，清洁部位从脚板到大腿；隔日一次小澡浴，再隔日一次大澡浴，小澡浴用浴汤三斛，大澡浴用浴汤五斛。这么个洗法，就算是现代人，也会被人家说是有洁癖吧。

由于宋人爱清洁，一些不经常洗澡的士大夫便成了另类，受到嘲笑。比如宋仁宗时期，有一个叫窦元宾的士大夫，出身名门，很有才

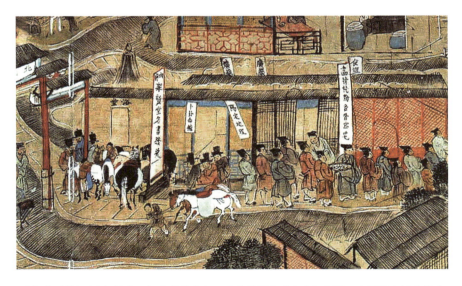

明仇英（传）《南都繁会图》中的浴堂与"画脂杭粉名香宫皂"招幌，中国国家博物馆藏

华，但因不常洗澡，竟然被同僚专门起了绰号，叫作"窦臭"。还有谁是因为邋遢出名的呢？王安石。

据说，王安石一年到头也不洗几次澡。他脸色黯淡，家人都以为他得了什么病，催着他赶紧看医生："相公，你脸色这么差，快让大夫瞧瞧。"王安石说："我好好的，哪有什么病？"但家人还是给他请了大夫，大夫一看，哈哈大笑："王相公这不是病，是脸上有污垢，没洗掉。"送了王安石一块肥皂，让他经常洗脸。王安石还嘟嘟囔囔："我跟包公一样，天生脸黑，送我肥皂又有何用？"

这段对话是我们演绎的，不过故事却是有来历的，记载于沈括的《梦溪笔谈》中："公（指王安石）面黧黑，门人忧之，以问医。医曰：'此垢污，非疾也。'进澡豆令公頮面。公曰：'天生黑于予，澡豆其如予何！'"

另一本宋人笔记《石林燕语》中也有记载：王安石的两位密友吴充、韩维，都受不了王安石这么邋遢，便与他约好，每月一块到公共浴室泡澡一次。王安石不想去，他的朋友就硬拉着他去，并将这个洗澡活动戏称为"拆洗"王介甫（王安石字介甫）。

有意思的是，王安石的夫人吴氏却是一个很爱清洁的女子，新做的衣服被猫睡过，就不穿了，扔在浴室里。真不知这对夫妇平日里如何相处。

因为多数宋人都爱洗澡，政府机关、学校、寺院都设有浴室。大户人家、官宦之家也建有家庭浴室，王安石的家中，显然是有浴室的。一般市民家庭即便没有条件修建浴室，也得备有浴桶。市井中，更有大量商业性的公共浴堂，北宋东京有一条街巷，由于公共浴堂很多，被市民称为"浴堂巷"。

马可·波罗游历杭州，看到的杭州城，繁华而干净，"城内大街用石头和砖块铺砌，每边十步宽，中间铺着沙子，并建有拱形的阴沟，以便将雨水泄入邻近的运河之中，所以街道保持得十分干净"；街边的商店，"经营各种商品，出售各种货物，香料、药材、小装饰品和珍珠等应有尽有"；"街道上有许多浴室"。

马可·波罗用夸张的语气说：这些公共浴室多达3000所，大的浴堂足以容纳百余人同浴。浴室同时供应冷水与温水，杭州本地人习惯洗冷水，温水则"专供那些不习惯用冷水的客人使用。所有的人都习惯每日沐浴一次，特别是在吃饭之前"。马可·波罗来到中国的时间是元代，但他在杭州看到的风俗，显然是从南宋流传下来的。

马可·波罗对杭州城这么多的公共浴室，杭州人这么勤快的沐浴习惯，感到有些奇怪，因为在中世纪，欧洲人几乎是从来不洗澡的。但对于爱干净、懂享受的宋朝人来说，沐浴却是他们日常生活的一部分。也因此，宋朝的公共浴室才会发展成为一个生意兴旺的行业。

宋朝许多行业都有别称，有自己专属的logo（标识），公共浴堂的别称是"香水行"，专属的logo是在大门口挂着一个水壶。不过，我想，对宋朝浴堂里的搓背工来说，估计不太欢迎王安石，因为王安石在朋友的挟持下，一个月才来泡一次澡，身上的污垢想必多得可以种菜。他们应该会很欢迎王安石的朋友苏轼，因为苏轼很讲卫生，在家里经常洗澡，"上冲冲下洗洗，左搓搓右揉揉，我家的浴缸好好坐"。有时候，家中没有洗澡的热水，苏轼就用"干浴"的方式健身，所谓干浴，就是按摩。

苏轼也喜欢到浴堂泡澡，让搓背工搓搓背。不过，苏大学士的身上是没有多少污垢的。有一次，苏轼在浴堂搓澡后，写了一首《如梦令》，诙谐地说："水垢何曾相受？细看两俱无有。寄语揩背人，尽日劳君挥肘。轻手，轻手，居士本来无垢。"叫搓背工下手轻点、轻点，我身上没什么污垢可搓。

我们不妨想象一下：假如苏轼与王安石相约去泡澡，他们的对话大概是这样的。

苏轼："王相公，您又晒黑了？"

王安石："天生的，天生的。"

苏轼："相公身上这泥巴，可以搓成几颗定心丸了。"

王安石："苏学士这身皮，天天泡，快泡烂了。"

那么，到宋朝的"香水行"消费一次，一般要花多少钱呢？如果仅仅是泡澡、搓背，也就几文钱，相当于吃一顿快餐的价格。我们讲过，宋朝城市下层市民的日收入大约是100至300文钱，掏出几文钱洗个澡，还是不成问题的。

如果是洗澡、搓背、梳头、刮脸、修脚都要呢？如果你到浴堂洗澡，可以这样跟浴堂掌柜说："我是新来的庄稼人，不理会得洗一次澡要多少汤钱。"汤，就是热水。

浴堂掌柜会告诉你："我说与你听：汤钱五个钱，挠背两个钱，梳头五个钱，剃头两个钱，修脚五个钱，全做时只使得十九个钱。"只要掏19文钱，便可以在浴堂享受一次，茶水免费用。元朝与宋朝时隔不远，消费水准应该是差不多的。这个浴堂服务价格也是记录在高丽人编写的《朴通事谚解》中。

如果你穿越到宋朝，风尘仆仆，不妨先到"香水行"洗一次澡，再喝碗茶，养养精神，再做打算。

宋朝人不但热爱洗澡，而且洗澡时也跟我们今天的人一样使用肥皂。"肥皂"一词，并不是一个现代词，而是宋朝人使用的老词，是一种以猪胰、皂角豆为主要原材料制成的清洁用品。

中国人很早就发现皂角豆具有去污的功效，也很早就用皂角豆作为洗涤用品，叫作澡豆。前面我们所讲的王安石故事中，医生给王安石开的"美白"药方就是澡豆。今人运用现代科技，已经证实皂荚含有皂苷成分，具有表面活性剂样的性能：起泡、去污、乳化。宋朝人以皂角豆为原料制作肥皂，是有科学依据的，也是具有去污功效的。

宋朝的市场上还有香皂售卖，叫作"肥皂团"。香皂与一般肥皂的区别是加入了香料与药材。宋人的医书记载了很多"肥皂方"，我们今天完全可以依照方子，制造出一块宋朝的香皂。这里我且抄录一个宋朝"肥皂方"，供有兴趣的朋友DIY（自己动手制作）。

原料："白芷、白附子、白僵蚕、白芨、猪牙皂角、白蒺藜、白蔹、草乌、山楂、甘松、白丁香、大黄、藁本、鹤白、杏仁、豆粉各一两，猪脂（去膜）三两，轻粉、密陀僧、樟脑各半两，孩儿茶三钱，肥皂（指皂角）去里外皮筋并子，只要净肉一茶盏。"

制作方法："先将净肥皂肉捣烂，用鸡清和，晒去气息。将各药为末，同肥皂、猪脂、鸡清和为丸。"宋人说，常用此方，可以"令人面色好"。要不要试试？

想找保姆、奶妈，请到家政服务中心

"昨夜雨疏风骤，浓睡不消残酒。试问卷帘人，却道海棠依旧。知否，知否？应是绿肥红瘦。"这是南宋女词人李清照写的一首《如梦令》。如果你是李清照，遇到雨疏风骤的天气，你要做的一件事是什么？

当然是赶紧去请一个园丁来整修花园啦。因为昨夜的风雨，将花园里的花都打落了，一地狼藉，需要园丁打扫落花，修剪花木。在宋朝，请园丁等家政服务人员，并不是难事，每天早晨，大城市的桥市、街巷口都会聚集一群"修整屋宇、泥补墙壁"的木竹匠人，供有需要的市民叫唤、雇佣。

如果你对这些打零工的木竹匠人不大放心，你也可以请"行老"介绍一名可靠的园丁。"行老"就是宋朝的家政服务中介，宋朝城市中有一类茶坊，是"行老"会聚的场所。你一踏入茶坊，"行老"就会迎上来，向你问候："这位娘子，是否要请女使、人力？"所谓"女使"，是宋人对女性用人的称呼；"人力"，则是宋人对男性用人的称呼。

你说："昨夜那风雨大的哟，园子乱了，想请一名园丁帮忙修整起来。"

行老说："这个容易。今日正好有一位从皇家玉津园出来的，手艺很不错，我让他到您府上。"

你说："那就拜托刘行老了。"

请了园丁，整修花园的事就解决了。

再假设你是宋朝人，家中有一位娘子刚生了小孩，却奶水不足，如

宋刘松年（传）《宫女图》中的婢女，日本东京国立博物馆藏

何是好？要知道，宋朝时又没有奶粉。别担心，你可以找"牙嫂"，请她们介绍一位正处于哺乳期的奶妈。"牙嫂"跟"行老"一样，也是宋朝的家政服务中介，只不过"行老"是男性中介，"牙嫂"是女性中介。一般来说，你请女佣，可找"牙嫂"；请男佣，可找"行老"。

不但请奶妈、请园丁可以找家政服务中介介绍，你要雇请郎中、脚夫、杂役、厨子、厨娘、裁缝、婢女、歌伎，都可以找"行老"或者"牙嫂"，就如我们今天到家政服务中心物色保姆。"行老""牙嫂"手上有大量的人力资源，一找准有，而且快。更重要的是，这些"行老""官私牙嫂"还结成一个担保网络，倘若你雇请的用人偷了东西，逃跑了，与你签约的家政服务中介要负责给你寻回来。

不要以为这是我的向壁虚构，《梦粱录》有详细记述："凡顾倩（雇请）人力及干当人"，比如雇佣"大夫、书表、司厅子、虞候、押番、门子、直头、轿番小厮儿、厨子、火头、直香灯道人、园丁等人"，"俱各有行老引领"；"府宅官员、豪富人家欲买宠妾、歌童、舞女、厨娘、针线供过、粗细婢妮，亦有官私牙嫂，及引置等人，但指挥便行踏逐下来"。倘若有受雇的用人逃跑、偷盗东西，则有"原地脚保识人前去跟寻"。

说到这里，我忍不住要感慨一句：宋代城市的家政服务业真是发达啊！就算是我们现在的人，不管是找住家阿姨还是钟点工，似乎也没有宋朝这么健全的担保网络。

但更值得惊叹的还在后头。对于生活在城市的宋朝人家来说，不仅雇请家政人员十分方便，而且，租赁家庭用品也很便利。比如你家娘子生了孩子，亲戚朋友来送月子，你要请他们在家吃顿饭，想用名贵的餐具招待，但家中没有这样的餐具。怎么办？可以租呀。

在宋朝，很多不常用但偶尔又必须用的用品，都可以租。比如新娘子出嫁坐的花轿、结婚礼服、接待贵宾的金银酒器、排办宴席的椅桌陈设、出席隆重交际场合的贵重首饰等等，都可以租赁，不用买，不用借。用宋朝人的话来说："凡合用之物，一切赁至，不劳余力。"今天，女孩子结婚穿的婚纱礼服，不也可以租吗？女明星有时候走红毯、拍戏，用到的礼服、戏服，也常常是租的呀。

再假如你家孩子满月了，你想摆满月酒，大宴宾客，你怎么安排这场宴会呢？请客人上酒楼？宋朝不流行这个。在家设宴，会不会太过操劳？不会，因为你可以将操办家宴的大小事务，交给专业的"家宴服务公司"。你交钱就行，不用自己劳心劳力。

宋朝有"家宴服务公司"吗？有，名字叫作"四司六局"。大家听这个名称，不要以为是什么衙门机关，其实它是一套专门为顾客操办宴会的人马。

"四司"指帐设司、厨司、茶酒司、台盘司。"六局"指果子局、蜜煎局、菜蔬局、油烛局、香药局、排办局。

它们的具体分工，我也给大家介绍一下：

帐设司，主要负责宴会场所的整体布置，根据宴席的性质、设宴的场地、赴宴的人数，席桌要怎么放，屏风要怎么摆，帘幕要怎么挂，又应该挂什么书画、绣额，都有讲究。

厨司，负责做菜。

茶酒司，负责备茶备酒，以及书写请帖、招呼宾客、迎来送往。如果你家办的是婚宴，茶酒司还要帮你送聘礼盒，主持成亲礼仪，迎送姻亲。现在的婚庆服务公司与之相比，恐怕也要自叹不如吧？

台盘司，负责准备宴席使用的一切盘碗器皿，以及端菜、劝酒，因故未能赴宴的亲友，也由台盘司送去酒菜。

果子局，专掌宴席的水果。

蜜煎局，专掌宴席的蜜饯、点心、咸酸劝酒之食。

菜蔬局，专掌宴席的蔬菜。

油烛局，专掌灯火照耀、炭火供暖，宴会所用的灯油、灯台、蜡烛、烛台、灯笼、木炭等，也由油烛局提供。

香药局，专掌宴席上的焚香、醒酒汤药之类，听候叫唤，所用香料、火箱、香炉等用品，也由香药局提供。

排办局，专掌扫洒、拭抹、插花等清洁、卫生方面的事务，并提供宴席用的桌子、椅子、凳子。

你看，"四司六局"提供的服务多么体贴、周到！一场宴会办下来，有礼有节，有条有理，气派大方，厅馆整肃，宾至如归，而主人家不费半点力气，只需掏一点钱。所以宋人说："官府贵家置四司六局，各有所掌，故筵席排当，凡事整齐，都下街市亦有之。常时人户，每遇礼席，以钱倩之，皆可办也。"

如果你是宋朝人，要给孩子办满月酒，怎么可以不请"四司六局"？

宋徽宗赵佶《文会图》中的宴饮场面，台北"故宫博物院"藏

你去找"四司六局"，"四司六局"的人会热情接待你。让我们脑补一下"四司六局"与客人谈生意的情景：

四司六局："您家计划摆多少席酒？"

客人："大约……二十席吧，多一个少一个的，有多少人，我也不托底。"

四司六局："这个好说，我在厨房里给您多备一桌的菜，送您的，不收钱。"

客人："这样好！不过，我的宴席可是要气派！城里的达官贵人都要来的。"

四司六局:"这个容易。待会儿,我们让帐设司过去看看场地,商量一下怎么布置最气派。厨司也会给您列一份食谱,请您过目。"

客人:"那我需要准备什么吗?"

四司六局:"不用,宴席的一切用品,桌椅、金银器具、灯烛、木炭、屏风、名人书画,我们都会送过去。"

客人:"怎么收费啊?"

四司六局:"您放心,我们四司六局秉着公道做生意,不会多收您一文钱。"

他没有诓你,因为宋人笔记有记载:四司六局"承揽排备,自有则例,亦不敢过越取钱"。意思是说,排办宴席的服务业已经形成了行规,四司六局可不敢乱收费。因此,掏得起价钱的宋朝人家,家里若是要办宴席,都很乐意请"四司六局"承办。

南宋之后,"四司六局"的服务机构便没落了,到明朝时,人们只听说昔日有"四司六局",却说不清楚"四司"是哪四司,"六局"又是哪六局。不过在临安人的日常用语中,还保留着"四司六局"的说法,意思是"图个方便"。也对,"四司六局"的服务宗旨,不就是让你图个方便吗?

让我总结一句吧:宋朝发达的家政服务业,让生活在社会底层的人得以通过提供家政服务来获得温饱,同时,又让请得起家政服务的大户人家过得舒适、休闲,碰到"雨疏风骤"的天气,才可以闲闲地"试问卷帘人",这个卷帘人,就是李清照家的用人。

宋人原来爱"吸猫"

我们继续假设你是一个寻常的宋朝人，清晨，在悠扬的报晓声中醒来，慵懒地起身，刷牙、洗脸，用过早餐，外面天气虽然有点寒冷，但地炉的柴火烧得正旺，身上的毡子也很保暖，只是窗外的雨越下越大，你本想出门会友，或者是到瓦舍勾栏听曲，可是雨下得这么大，你有点懒了，决定不出门了，就在家中逗猫。你还提笔写了一首诗，表达自己的心情："风卷江湖雨暗村，四山声作海涛翻。溪柴火软蛮毡暖，我与狸奴不出门。"

且慢——这首诗其实并不是你写的，而是出自南宋大诗人陆游的手笔，题目叫《十一月四日风雨大作》，写于绍熙三年，公元1192年。十一月四日这一天，风雨大作，陆游写了两首同题诗，另一首我们可能都会背诵："僵卧孤村不自哀，尚思为国戍轮台。夜阑卧听风吹雨，铁马冰河入梦来。"在这风声雨声里，陆游最挂念的是国家安危，而给他慰藉的，是身边的一只小猫。诗中的狸奴，就是宋朝人对猫的昵称。

陆游是一位爱猫的诗人，写了好几首诗送给他养的猫。我们先来读陆大诗人的一首《赠猫》诗："裹盐迎得小狸奴，尽护山房万卷书。惭愧家贫策勋薄，寒无毡坐食无鱼。"陆游说，我家贫穷，没办法每天给狸奴买猫粮，感到很愧疚。还有一首《赠粉鼻》，也是陆游写给小猫的诗："连夕狸奴磔鼠频，怒髯嗔血护残囷。问渠何似朱门里，日饱鱼飧睡锦茵？""粉鼻"是陆游给猫取的名字，这只"粉鼻"连日继夜捕捉老鼠，陆游感叹它不能像富贵人家的猫儿那样饱食终日、无所事事。

宋李迪《狸奴蜻蜓图》，日本大阪市立美术馆藏

　　陆游喜欢给他养的猫起名字，除了"粉鼻"，还有"雪儿""小於菟"等等。"雪儿"应该是一只浑身雪白的小母猫，"小於菟"则是小老虎的意思，大概这只名叫"小於菟"的猫比较活泼、敏捷，虎虎生威。

　　给猫起名字、写诗，陆游对猫显然有着不寻常的喜爱。其实，在宋朝，不但陆游乐意于当一名"铲屎官"，很多文人、市民都爱猫，都喜欢当"铲屎官"。有的人甚至是"吸猫体质"，指的就是天生会受到猫咪喜欢的一群人。从字面上看，所谓的"吸猫"是指跟猫咪互动的一种亲密行为，包括用脸蹭猫咪的身体、用鼻闻猫咪身上的气味等。

　　人类驯化猫的历史起码有五六千年，早在石器时代，猫便与人类相伴。中国人养猫的历史也很长，先秦的《礼记》中便记载了一种"迎猫"的礼仪。不过，在很长时间里，古人养猫只是出于实用目的，是要让猫捕捉老鼠，减少鼠患。

但到了宋代，许多士大夫与市民家庭养猫，不再是为了捕老鼠，而是将猫当成宠物养。我觉得这是物质文明比较发达、社会文明发展到更高阶段时才会出现的现象，因为你只有在衣食无忧的情况下，才会养一只"无用"的猫，将它当成家中的成员，给它起名字，为它买猫粮。对不对？

苏东坡将宋朝人养的猫分为两类："捕鼠之猫"和"不捕之猫"。"不捕之猫"就是不会捕捉老鼠的猫。人们为什么要养不会捕捉老鼠的猫？因为将猫当宠物啊。

宋朝最名贵、最受人喜爱的宠物猫，大概是"狮猫"。《梦粱录》载："猫，都人畜之捕鼠。有长毛，白黄色者称曰'狮猫'，不能捕鼠，以为美观，多府第贵官诸司人畜之，特见贵爱。"不会捕鼠、长得很漂亮的狮猫，却深得主人珍爱，不是宠物猫是什么？

陆游讲过一个关于狮猫的小故事：

南宋大奸臣秦桧的孙女养了一只狮猫，十分喜爱，不料有一日，这只狮猫走失了，秦家急得不行，惊动了临安府。知府跟秦桧说："秦相公，我已派人在茶坊、酒肆贴出寻猫启事，请相公放心。"但猫一直没有找到。知府又让官兵将临安城中百姓家狮猫悉数捕捉，结果抓来一百多只狮猫，可惜没有一只是秦家的。

秦家丢了一只宠物猫，竟然出动临安府协助寻找，固然可以看出秦家权焰熏天，但一下子能找到百余只狮猫，倒也说明了在南宋临安城，养宠物猫的市民着实不少。

看到这里，不知诸位心里有没有一点好奇：这宋朝的"狮猫"到底是什么品种的猫？狮猫，又叫"狮子猫"，顾名思义，是长得像狮子的长毛猫。据文献记述，狮子猫"自番来者，有金眼、银眼，有一金一银者"；"身大长毛，蓬尾"。看来应该是今天常见的波斯猫。

宋朝最常见的猫是花狸，即狸花猫。花狸善捕鼠，但宋人也多有将花狸当宠物养，不让它捕老鼠的。宋人画有一幅《富贵花狸图》，现藏于台北"故宫博物院"，画的是几株牡丹花下，一只黑白毛色的狸花猫伏在地上，头微微昂起，双眼盯着前方牡丹花，似乎正准备捕捉花间的什么虫子。这种毛色的花狸，"身背黑，而肚腿蹄爪皆白"，有个名目，叫"乌云盖雪"，相当名贵。值得我们注意的是，《富贵花狸图》中的这只花狸，脖子上系着一根长绳，还打着蝴蝶结，这说明什么？说明主人爱惜它，将它当宠物养，并不需要它捕老鼠。

从宋朝诗人的诗歌中，我们也可以找到宠物猫的身影——要知道，给猫写诗的宋朝诗人，可不止陆游一位。一个叫李璜的宋人写了一首《以二猫送张子贤》："衔蝉毛色白胜酥，搦絮堆绵亦不如。老病毗耶须减口，从今休叹食无鱼。"诗中的"衔蝉"，跟"狸奴"一样，也是宋朝人对猫的昵称。李璜将家中两只白色的小猫送给友人张子贤，并告诉他："老病毗耶须减口，从今休叹食无鱼。"意思是说，你自己要节省点口粮，不要忘记给猫儿买猫粮。

还有一个叫胡仲弓的南宋人，也写了一首《睡猫》诗："瓶吕斗粟鼠窃尽，床上狸奴睡不知。无奈家人犹爱护，买鱼和饭养如儿。"诗中的睡猫，成天呼呼大睡，也不去捉老鼠，但主人很疼爱，天天给它买猫粮，养猫如养儿子。今天不少城市白领、小资都将猫儿当成"儿子"养，看来这种事儿在宋朝时就已出现了。

由于养宠物猫的人家很多，宋代城市中不但出现了专门的宠物市场，还有专卖猫粮、狗粮的商店。如果你到南宋临安的宠物市场走一走，卖宠物与宠物用品的商贩会盛情向你介绍："客官，要看看猫儿吗？""客官，小店有新鲜的猫鱼。""客官，小店有新款的猫窝。""客官，要改猫犬吗？"

猫儿，就是小奶猫；猫鱼，是给猫吃的猫粮；猫窝，是给猫睡觉的小窝；那么"改猫犬"又是什么意思呢？有宋史研究者认为，这很可

宋佚名《富贵花狸图》，台北"故宫博物院"藏

能是给宠物猫、宠物犬做美容的服务，比如生活在南宋广州的阿拉伯女子，平日闲着的时候，会用凤仙花的汁液给猫狗染色。

宋朝人"吸猫"的生活习惯，与我们现代人实在没什么区别哩。所以，如果你生活在宋朝，遇上下雨天气，你跟朋友说，今天，"我与狸奴不出门"，不会有人笑话你的。

十二星座？宋人也聊这话题

　　各位，让我来假设一个问题：假如我们邀请唐朝的韩愈、北宋的苏轼、南宋的周必大与文天祥来你家，大伙儿坐在一起，开一个讨论十二星座的小沙龙，你猜猜这几位唐宋"大咖"会怎么说？

　　韩愈首先叹了一口气，说道："唉，我的命不好。月亮星座是摩羯，注定是命运多舛，颠簸一生。"

　　苏轼立即附和："韩老师，咱们真是同病相怜。我的太阳星座也是摩羯，难怪这一生会遭受那么多诽谤。"苏轼笑了一下，接着说，"我的朋友马梦得，与我同年同月出生，差我八天，命格比我还差。我们这一年出生的人，没有一个富贵的。不过，我比马梦得终究要好一点，哈哈。"马梦得正好在旁边，听了长叹一声，没有说话。

　　周必大向韩愈、苏轼行了个礼，说："下官名望不敢攀比两位前辈，但听了两位一席话，也是心有戚戚焉，我的月亮星座与韩公一样，也是摩羯，恐怕这一生宜退不宜进。"

　　这时，一直沉默不语的文天祥突然说："各位也不必过于怨天尤人。下官也是摩羯男。但未来如何，我不想妄自猜度，但尽人事，不问天意。"

　　这场对话当然是我虚拟出来的，因为他们是不同时代的人，不可能坐到一块儿嘛。不过，韩愈、苏轼、周必大、文天祥等人说的话，却不是我捏造的，都是根据他们的原话翻译过来的。他们对摩羯座的吐槽，也确有其事，比如苏轼在《东坡志林》中记道："退之（即韩愈）

诗云：'我生之辰，月宿南斗。'乃知退之磨蝎（摩羯）为身宫（按宋人的说法，出生时，月亮所在的星座叫'身宫'，太阳所在的星座叫'命宫'），而仆（我）乃以磨蝎为命，平生多得谤誉，殆是同病也！""马梦得与仆同岁月生，少仆八日，是岁生者，无富贵人，而仆与梦得为穷之冠；即吾二人而观之，当推梦得为首。"当然，这类占星之说，荒诞不经，不可凭信，姑妄听之。

今天的人特别爱黑处女座，黑得我这个处女座很是尴尬。而古人特别喜欢黑摩羯座，不过应该没有人感到尴尬，因为古人通常是自黑。苏轼就好几次拿摩羯座自黑、自嘲。

那苏轼真的是摩羯座吗？他出生于北宋景祐三年十二月十九日，用万年历回溯，可以知道，他的阳历生日是公元1037年1月8日，当日太阳恰好落在摩羯座，确实是一位摩羯男啊。

听到这里，你的心里会不会感到很困惑：十二星座不是近现代才从西洋传进来的玩意儿吗？怎么宋朝人也知道摩羯呢？

其实，十二星座传入中国的时间非常早。什么时间？隋朝的时候。只不过，它们在中国古代的名称，不叫"十二星

北宋《大随求陀罗尼经》中的十二星宫图

座"，而叫"黄道十二宫"。十二星宫与十二星座，是同一回事。

别看现在西方人很喜欢谈十二星座，其实十二星座并不是西方文化的产物。十二星座的记载，最早出现在古巴比伦。古巴比伦的天文学家将地球围绕太阳公转的轨道分割成十二个星宫，这便是黄道十二宫。之后，十二星宫传入古希腊，又随着亚历山大大帝东征传入古印度，被吸纳进印度佛经中。然后，大约在隋朝初期，又随佛经从印度传到了中国。

不过，隋朝时的十二星宫，名称与现在的十二星座略有差异，比如今天的白羊座，隋朝人写成"特羊"，金牛座写成"特牛"。"特"是什么意思？是指雄性。特羊就是公羊，特牛就是公牛，并不是"特别牛"的意思。今天的双子座，隋朝人则写成"双鸟"，处女座写成"天女"，天秤座写成"秤量"，水瓶座写成"水器"，双鱼座写成"天鱼"，摩羯座写成"磨竭"——磨刀的磨，竭尽全力的竭，因为"摩羯"本来就是一个音译的词。

到宋朝时，十二星宫的名称已经与今天的十二星座相差无几，宝瓶、双鱼、白羊、金牛、巨蟹、狮子、天秤、天蝎、摩羯等名字都出现了，只有双子座叫"阴阳"，处女座叫"双女"，射手座叫"人马"，因为射手座的图案就是一个半人半马的怪物在引弓射箭，今天也有人将射手座叫作人马座。

而且，十二星宫在宋朝社会流传极广，被引入各个领域，各种职业的人可能都会提到十二星座。军事学家会谈十二星座，因为他们认为，如果在打仗时考虑到星座方面的因素，更容易打胜仗；美食家也会谈星座，因为十二星座中有宋朝人最爱吃的巨蟹；地理学家也会谈星座，因为宋人将十二星宫与中国传统的十二州相搭配，每一州对应一个星座；医生也会谈十二星座，因为古人还将十二星宫分配给十二经脉，其中白羊座代表膀胱经；算命先生更是免不了要谈星座，因为宋朝很流行的占星术必用到十二星宫。

因此，我们可以设想一群宋朝军事爱好者坐在一起讨论问题的情形。

一人问："行军打仗，要不要看黄道吉日？"

一人说："要的。还要看星座。"

前一人又问："星座怎么看？"

后一人回答："比如，春分后三日，太阳入白羊宫；夏至后六日，太阳入巨蟹宫；秋分后八日，太阳入天秤宫；冬至后四日，太阳入摩羯宫。太阳入不同星宫，运程各不相同。"

我查了一下，确实，从春分开始，是白羊座；从夏至开始，是巨蟹座；从秋分开始，是天秤座；从冬至开始，是摩羯座。宋朝人对天文的观测挺准确的，但打仗看星座，这就很不靠谱了。

总而言之，十二星座的话题并不洋气，也不现代。千年之前的苏轼、文天祥等宋朝人，与朋友喝茶聊天时，讨论的话题中就有十二星座了。

自己做饭，还是叫外卖？

逗逗猫，聊聊十二星座，很快，半天时光就消磨过去了，快到吃午饭的时间了。嗯，我先问诸位一个问题：宋朝人吃午饭吗？

一些朋友可能不知道，宋朝之前，大多数的平民百姓是不吃中午饭的，因为一日三餐的生活习惯尚未形成，人们一般都是吃两餐：早饭与晚饭。只有贵族、皇族才可以一天吃三顿饭，甚至四顿饭。到了宋朝，随着农业生产的进步、夜生活的出现，平民才逐渐形成了一日三餐的习惯。

我们去看宋朝的诗歌，就会发现，像"中餐""午饭""一日三餐"之类的词语多了起来，陆游便写过好几首题目就叫《午饭》《午炊》的诗，其中一首《午炊》诗写道："山际牛羊路，林间鸡犬声。午炊聊小憩，野老解逢迎。"诗的意思我们翻译一下：走在乡间的小路上，暮归的老牛是我同伴，吃过午饭后，休息一下，与乡亲们聊聊天。而在宋朝之前，有没有诗人写"午饭"诗？似乎没有。

所以，如果你生活在宋朝，快到中午的时候，就应该准备午饭了。如果你家中雇有厨子、用人，当然不需要你亲自下厨，用人自会做好饭菜。这里，我再提一个问题：北宋东京市民每日做菜，用的是什么燃料？

一些朋友可能会说：古代没有煤气炉、电烤炉、微波炉，自然是烧柴烧炭。这话说得没有错，但不全对。宋朝京城人平日做饭、供暖，也用木柴、木炭，张择端的《清明上河图》长卷，右边起首的地方，就画了两个脚夫正赶着五匹驮炭的毛驴，前往城里送炭。

不过，到了北宋后期，京城人用得最多的燃料是煤，而不是柴、炭。宋朝人将煤称为"石炭"。南宋初，有一个叫庄绰的人回忆说："昔汴都数百万家，尽仰石炭，无一家燃薪者。"意思是说，当年东京开封府百万人家，都用煤烧火，没有一家是烧柴的。庄绰的话说得有些夸大，但若说北宋东京多数人家都是烧煤，却是事实。

所以，假如做午饭时，你家的柴炭刚好快用完了，用人来问你："大娘子，家里的炭快用完了，咱们去买几十斤回来吧？"你可以这么说："买五十斤木炭，再买一百斤石炭吧。"东京市民买煤炭，是很方便的。东京汴河边，设有二十个官营的石炭场，城内又有专卖煤炭的炭坊，有专卖煤团、煤球的炭团店，其中"街东车家炭""州桥炭张家"是当时驰名东京城的木炭、石炭专卖店。

南宋临安市场上也有煤制品，叫作"炭墼"。墼，指砖坯、土坯；炭墼，就是用煤粉做成的煤砖。南宋苏州、湖州地区有一首民谚说："九九八十一，家家打炭墼。"意思是说，数九天过后，天气乍暖还寒，家家仍需要储存燃料以备御寒。南宋末，一位诗人在《湖州歌》中写道："雪子飞飞塞面寒，地炉石炭共团栾。"说的是冬天时候，大雪纷飞，人们用地炉烧煤取暖。这些民谚与诗歌告诉我们：南宋的江南人家，也有烧煤的，只不过煤的供应不如北宋东京那么充足，因为中国的煤矿主要分布在北方。

总之，不管你是北宋人，还是南宋人，做午饭时，都可以烧煤。当然，如果你觉得在家做饭太麻烦，又要买菜，又要买石炭，又要淘米洗菜，吃饱后还要洗碗筷，烦！那么，你也可以不做菜。我的意思，并不是叫你别吃午饭，而是建议你点外卖。

今天，城市里的上班族，吃午饭基本上都是叫外卖。你一个电话，或者在手机APP下单，很快就有送餐的小哥将午餐送上门来。所以我才建议，如果你生活在宋朝都城，如果不想自己做饭的话，就叫个外卖吧。

可是，宋朝也有送外卖的服务吗？有。在北宋东京，或者南宋临安，五更初时，即凌晨3点，市场上即开始有人点灯卖早餐，到晚上三更末，即凌晨1点，还有卖宵夜的。不论春夏秋冬，从早到晚，你都可以叫外卖，用宋朝人的话来说，"市食点心，四时皆有，任便索唤，不误主顾"。

事实上，不管是北宋的东京市民，还是南宋的临安市民，都不习惯在家做饭，而是喜欢下馆子，或者叫外卖。北宋人是这么说的：东京"处处拥门，各有茶坊酒店、勾肆饮食。市井经纪之家，往往只于市店旋买饮食，不置家蔬"。南宋人是这么说的：临安"处处各有茶坊、酒肆、面店、果子、彩帛、绒线、香烛、油酱、食米、下饭鱼肉鲞腊等铺。盖经纪市井之家，往往多于店舍旋买见成饮食，此为快便耳"。

连皇帝有时候都会叫外卖。北宋东京皇城的东华门外，聚集着大量饮食店，专卖"时新花果、鱼虾鳖蟹、鹌兔脯腊"，专候皇室叫餐。

宋张择端《清明上河图》中的送餐小哥

南宋的高宗皇帝每游幸西湖，御船后面总是尾随着不少卖美食的小舟，等待皇帝点餐叫外卖，在西湖上卖鱼羹的女商人宋五嫂，因为"尝经御赏，人所共趋，遂成富媪"。南宋孝宗皇帝也喜欢点外卖，每年元宵节，孝宗都要"看灯买市"，看灯是观赏元宵花灯，买市就是叫外卖。凡市价一贯钱的食物，皇帝都"犒之二贯"，李婆婆鱼羹、南瓦张家圆子都是孝宗青睐的美食。

问题是，古代没有电话，没有互联网，没有手机APP，如何订餐？难道用飞鸽传书吗？飞鸽传书用来送信则可，用于叫外卖则不可，你想一下，一只鸽子飞到饮食店，那它的下场可能是被红烧或者清炖。

其实，在电话发明之前，也是可以订餐的，只不过远不如网络时代便捷罢了。皇帝叫外卖，有内侍可以使唤，完全不成问题。京城的大户人家、官宦之家，家中也有仆人，叫餐订外卖，自然是他们跑腿。

如果你一时找不到跑腿的仆人，也是有办法叫餐的。我们今天不是有提供跑腿服务的人员吗？宋朝也有。《东京梦华录》说，北宋时，东京市井中，"有百姓入酒肆，见子弟少年辈饮酒，近前小心供过，使令买物命妓（指歌妓）、取送钱物之类，谓之'闲汉'"。南宋时，临安也有从事这类职业的闲人，只不过他们被称为"厮波"。《梦粱录》载，这些闲人"专为探听妓家（指歌妓）宾客，赶趁唱喏，买物供过。……谓之'厮波'"。也就是说，闲汉、厮波的工作就是供客人随时叫唤，帮客人跑腿，包括买餐送餐，从中获取一点赏钱。张择端《清明上河图》中，城外一家酒店门口，就有一个取了餐正往谁家送去的小哥。

所以，如果你要点外卖，家中又没有跑腿的仆人，你不妨在门口叫个闲汉："小哥，帮我到寺桥金家饭店买一份红丝水晶脍、一份煎肝、一份炒蛤蜊。"闲汉说："您稍候片刻，马上送到。"你说："多谢小哥。这是菜钱100文，赏钱10文。"

旅店、客店的店小二，也可以为住客提供跑腿服务。施耐庵《水浒传》里，有一个细节写道："青面兽"杨志来到东京城，寻了一个客店安歇下来，放下行李，解了腰刀、朴刀，掏出一点碎银子，叫店小二去买些酒肉回来吃。

　　即便是一时找不到跑腿的，宋朝市民也有办法叫餐，因为在都城，每到饭点，就有很多流动食贩沿门叫卖熟食，有熬肉、炙鸭、熟羊、羊血、灌肺等熟食，"就门供卖，可以应仓卒之需"。你不想自己做饭，走到门口，招招手，便有流动食贩走过来："小娘子，可要炒肺、灌肺吗？一份20文。"你说："来一份吧。"很快就有一份热腾腾的美食送到你手上。

　　你看，宋朝市民的小日子过得多洒脱。

第二辑 雅致的风尚

宋朝是一个崇尚风雅的时代，我们不妨称其为「风雅宋」。今人正在复刻的四大雅事（焚香、点茶、挂画、插花）即盛行于宋代的士大夫群体间，而且这种雅致的生活并不排斥市井俗夫，并非不食人间烟火；恰恰相反，它还深入于宋朝市民的日常生活中。

点茶：李清照是茶艺高手

假如我问你：李清照是什么人？你一定会说，李清照是宋朝著名的女词人，是婉约词流派的代表人物。你说得没错。不过，李清照除了词填得好，她还是一位古董收藏家与鉴赏家，又是一位茶艺高手。

北宋末，李清照的丈夫赵明诚在京城太学读书，每个月的初一与十五，赵明诚都要请假回家，拉着妻子李清照前往大相国寺赶集。每次逛大相国寺，赵明诚都很兴奋："娘子，你快来看，今天也好多人啊！"李清照取笑他："来了来了。你看你，跑得满头大汗，又不是第一次来了，还这么好兴致啊？"

大相国寺是地处东京闹市的寺庙，有东京最大的集市，每月五次开放给商家做生意。开市之日，商旅云集，百货俱全，非常热闹。

卖茶叶的商贩一看到是李清照来了，顿时喜上眉梢，迎上来打招呼："大娘子，您又来了。小店新到几块北苑龙凤团茶，从大内流出的贡茶，特意给您留着。"

李清照说："小龙团？这我可要尝尝。"

李清照爱喝小龙凤团茶，那么她的丈夫赵明诚呢？

赵明诚热爱收藏古玩、古籍、名家书画，所以古玩商人忙着招呼他："赵官人，南唐徐熙的《牡丹图》，您要不要瞧瞧？"

赵明诚说："徐熙的真迹？难得难得，敢问价钱如何？"

古玩商人说："赵官人是老主顾，我就说个实价，10贯钱。"

这几段对话是我虚拟出来的，不过赵明诚与李清照爱逛大相国寺的事却是真实的。许多年后，李清照写文章《金石录后序》回忆说：赵明诚"在太学作学生……每朔望谒告出，质衣取半千钱，步入相国寺，市碑文果实归，相对展玩咀嚼"。

　　夫妻俩在大相国寺一边逛，一边看。每当淘到宝贝，小夫妻都十分高兴，赶紧带回家细细玩赏。李清照是一位讲究情调的女性，每次与丈夫一起鉴赏古籍、古董之时，她总是要先点两盏茶，自己一盏，丈夫一盏，一边品茶，一边把玩宝贝。

　　熟悉李清照诗词的朋友应该知道，她有好几首诗词都提到烹茶，比如《满庭芳》词"生香薰袖，活火分茶"，《晓梦》诗"嘲辞斗诡辩，活火分新茶"。这个"活火分茶"，就是李清照的拿手好戏。

　　那么，什么是分茶呢？别急，我们下面会详细说到。

　　现在，让我先来考考你：李清照擅长的烹茶方式，与我们今天的饮茶方式有什么区别？

　　不知道也没关系，研究之前我也不知道。简单来说，我们现在喝茶，都是将茶叶放入茶壶，冲入开水，用开水浸泡茶叶，然后将茶水倒进茶杯，就可以喝了。整个过程非常简单。这个烹茶方式，叫作"泡茶"，是从元朝开始形成、流行起来的。

　　细说起来，元朝之前的唐宋时期，流行的烹茶方式并不是"泡茶"。

　　唐朝人烹茶，习惯用一个小鼎烧水，在鼎里

南宋佚名《饮茶图页》，美国弗利尔美术馆藏

直接放入茶叶，再加入食盐、生姜、薄荷等调味品，煮熟后饮用。这叫作"煮茶"，跟我们现在煎中药差不多。

到了宋代，煮茶不流行了，换成了"点茶"。

宋人点茶的流程其实是很复杂的。我给大家稍微介绍一下：宋代的茶叶一般都做成饼状存放，叫作"团茶"，有点像今天的普洱茶；烹茶的时候，取出茶饼，用茶槌捣成小块，再用茶磨或茶碾研成粉末，还要用罗合筛过，目的是让茶末成为均匀的粉末状，类似于面粉。

研好了茶末之后，便可以点茶了。先用茶釜将干净的水烧开，用小勺子将茶末舀入茶盏，每个茶盏放一勺子茶末，再注入少量开水，调成膏状。然后，一边冲入开水，一边用一个叫"茶筅"的工具击拂茶汤，使水与茶末交融，并泛起泡沫。泡沫越丰富，表明这盏茶点得越成功。击拂几次，一盏清香四溢的宋式热茶就出炉了。这个烹茶的过程，宋人叫"点茶"。

你看，宋朝人点茶的流程是不是很复杂？点好一盏茶，少说也得半个时辰吧，但宋人非常享受这个烹茶的过程，将它当成一种雅趣。

而且，宋人点茶，对茶叶、水质、火候、茶具都非常讲究。烹茶的水以山泉为上，井水勉强可用；茶叶以白茶为顶级好茶；茶末研磨得越细越好，这样点茶时茶末才能发泡充分；火候也极重要，以水刚过二沸为恰到好处；点出来的茶汤色泽要纯白，茶末亦以鲜白为主；盛茶的茶盏则以建盏为宜，因为建盏为黑色，茶汤为白色，黑白搭配，色调十分高雅。

当然，宋朝的普通家庭如果不那么讲究的话，也不用准备这么多的茶具，因为市场上有磨好的茶末出售，可以直接用于调膏、冲点，就如今天的速溶咖啡。但文人雅士享受研茶的过程，追求的是全套烹茶流程所代表的品质与格调，因此，家中茶槌、茶磨、茶碾之类的茶具是少不了的，就如今天那些追求生活情调的城市小资，喝咖啡一般不会喝速溶的，而是在家里准备了一整套器皿，从磨咖啡豆的研磨器，到煮咖啡的小炉。李清照无疑是小资中的小资，茶艺又好，家中肯定备有一整套的点茶器具。

李清照的茶艺好在哪儿？她擅长"分茶"啊。分茶是一门高超的点茶技艺，宋朝高明的茶艺师在点茶时，用茶笔击拂茶汤，能够利用茶末与沸水的反应，在茶盏中点出各种栩栩如生的图案，比如一朵花、一丛竹子、一只小鸟、一尾小鱼、一幅山水画，有点像今日咖啡馆玩的咖啡拉花：用咖啡与牛奶、茶、巧克力的不同颜色，调配出有趣的图案。

我们想象一下，李清照拿出"活火分茶"的高超技艺，点出一盏茶，茶汤上的泡沫幻化成一幅精致的山水画。这样一盏如同艺术品的茶，你舍得喝掉吗？赵明诚见惯了李清照的茶艺，再好看的茶他都要喝进肚子里——毕竟，茶是点出来喝的，不是点出来看的。

　　每当赵明诚急着要喝茶时，李清照总是笑吟吟拦住他："官人莫急。咱们行个茶令，再吃茶不迟。"茶令，就是吃茶时玩的小游戏，赢者才可以喝茶。宋朝很流行茶令。李清照与赵明诚品茶时，也常常玩茶令。

　　有一次，一位朋友将一册唐代白居易手写的《楞严经》送给了赵明诚。赵明诚满心欢喜，快马加鞭，往家里赶。到家时，已经快到三更，也就是夜里快到11点。

　　李清照迎上来："官人，这么晚了，你还赶回来？"

　　赵明诚："我急着赶回来，想和娘子一道鉴赏这册《楞严经》。你快来看。"

　　丈夫连夜归来，李清照也很高兴。她取出珍藏的小龙团贡茶，施展"活火分茶"之艺，点出两盏好茶。赵明诚端过茶盏，就要喝茶。

　　李清照："官人且慢。老规矩，行个茶令。"

　　赵明诚："娘子这回要行什么茶令？"

　　李清照："还是老规矩。官人翻开这本《楞严经》，第八页第三行写的是哪一句话？谁答得出来，谁先吃茶。如何？"

　　赵明诚："娘子又要考我了。我试试。"

　　上面的对话也是我虚拟的，但我相信，这样的对话一定真实地出现在李清照与赵明诚的日常生活中，因为李清照在《金石录后序》中写道："余性偶强记，每饭罢，坐归来堂烹茶，指堆积书史，言某事在某书、某卷、第几叶（页）、第几行，以中否角胜负，为饮茶先后。中即举杯大笑，至茶倾覆怀中，反不得饮而起。"

　　李清照与赵明诚经常玩的茶令，便是猜某件史事、某句话记录在某本书的第几卷、第几页、第几行，猜中者为胜，可以先喝茶。李清照记忆力过人，几乎每次都是她赢。所以，一听李清照说出"老规矩"，赵明诚立即认输："娘子，你记忆力过人，我不如你。茶，娘子先吃。"

李清照大笑举盏，乐不可支，手中茶盏也不小心倾倒了，茶汤洒了一身。赵明诚一看，也哈哈大笑。

对李清照与赵明诚来说，与爱人一起品茶、行茶令，是他们一生中最难忘的美好记忆。许多年之后，他们都在文章中回忆了一边品茶、一边相对展玩古籍狂喜不支的往事。

对宋朝人来说，花半个时辰点一盏茶，然后细细品尝，也是享受人生、追求品位、创造格调的生活方式。有时候静下来想，如果能像宋人一样，把点茶当成一种生活乐趣，做个快乐的"宅男宅女"，好像也没什么不好。

焚香：讲的是清雅，而非名贵

我们逛商场的时候，有时可能会被一些香薰蜡烛店吸引目光，那些香薰蜡烛陈列在精致的橱窗里，旁边摆着一个系列的香水和香膏。还有人常常在办公室的桌子上放一盏香薰灯，影影绰绰地喷着雾气和精油。

不知道从什么时候开始，香薰蜡烛成为品质高雅生活的一种代表，其实这股风潮不是从欧洲兴起的。是从哪里兴起的呢？

对日本文化略有了解的朋友应该知道，日本有"三雅道"：茶道、花道、香道。而在我们中国的宋朝，也流行"四般雅事"：点茶、插花、焚香、挂画。这是巧合吗？当然不是。

日本的"三雅道"其实是从宋朝传过去的。宋朝的插花传到日本，演变成花道；宋朝的点茶传到日本，演变成茶道；宋朝的焚香传到日本，又演变成香道。

今天我们就来聊聊焚香吧。

宋朝人将焚香叫成"烧香"。我们今天一说到烧香，总是要联想到"烧香拜佛"，但宋朝人说的"烧香"，与求神拜佛的活动没有关系，是指一项与点茶、插花并列的文人雅事。宋朝流行点茶、插花，也流行烧香，文人雅士在雅集、办宴席、读书、品茶时，通常都要烧一炉香，让清雅的香味沁人心脾。

宋朝人的烧香，其实也不是直接燃烧香料，而是用炭火来炙烤，与其说是"烧香"，不如说是"烤香"。不瞒你说，一谈到"烤香"两个字，我就忍不住想到烤羊排，烤得香喷喷的，再配上一些馕。哈哈，

吟徵調宮商
松間疑有入松風
仰窺低審含情客
以聽無絃一弄中
臣京謹題

聽琴圖

宋徽宗赵佶《听琴图》
中有一个小小的香炉

能从风雅的焚香联想到烤羊排，我这真是长着一颗吃货的心。

开玩笑了，别当真。宋朝文人炙烤香料，当然不可能像烤肉，否则的话，未免太煞风景了，是吧？不如我先简单介绍一下宋人焚香的大致过程。

宋朝人习惯将沉香、檀香、龙涎香等香料捣成粉末，加入蜂蜜、果汁，调成一颗一颗如同今日药片的小香丸，风干备用。这种调制出来的香品，宋朝人称为"合香"。

焚香时，先在香炉里装入精制的炭灰，以专用的香箸拨开一个小孔，放入一块烧红的木炭，再盖上一层炭灰，用香铲将炭灰堆成小山模样，再用香箸戳几个通风的小孔，这样，里面的木炭才不会熄灭。

然后，在炭灰上面放置一张银片，在银片上投放小香丸，通过炭灰的热量炙烤香料，从而散发出香味。这种焚香方法，宋朝人称为"隔火熏香"，是宋朝最主流的焚香形式。

而宋朝之后流行的焚香方式，是先将香料制成线状的香品，叫"线香"，焚香时，直接点燃线香，通过燃烧来激发香味。那么，与直接点燃香料相比，宋朝式的"隔火熏香"有什么优点？

假如我们向宋朝人请教这个问题，宋朝人会告诉你：隔火熏香，可以避免烟雾缭绕的问题。想来，产生的PM2.5要比直接燃烧线香少得多，更加符合环保的精神。南宋诗人杨万里写过一首《烧香七言》诗，诗中说："诗人自炷古龙涎，但令有香不见烟。"——"有香不见烟"，便是宋朝式焚香的特点。

宋朝人还会告诉你：隔火熏香，散发出来的香味才不致太过浓烈。要知道，宋人焚香，追求的是淡雅清逸的芬芳气息，并不喜欢太浓烈的香味。香味太浓烈，宋人认为是俗气的表现，不雅。就如今人，戴一枚钻戒是时尚，倘若十根手指戴着十个钻戒，那就是俗不可耐的炫耀了。

宋人焚香时，如果发觉香味浓烈，便知道是炭火太热，需要添加炭灰，控制火力。如果香味太淡呢，则意味着热量不够，可以将炭灰刮薄，提高温度。也就是说，隔火熏香还有一个优点：可以通过控制火力，来调节香味的浓淡。

但隔火熏香也有缺点：操作起来过于麻烦，主持焚香的人，必须具有品鉴香味浓淡是否适宜的能力，具有调控火候的技巧。相比之下，后世的焚香，将一根线香点燃就行，毫无难度可言。宋朝的点茶也一样，整个过程非常繁复，哪有今天的泡茶方便？但是，正是因为焚香、点茶有技艺上的门槛，并不是什么人都可以操作的，它才能够形成一门高雅的艺术。没有门槛，便不成艺术。

宋朝士大夫群体流行焚香，许多我们熟悉的宋朝名人，比如苏轼、黄庭坚、李清照、陆游，不但喜欢烧香，而且是制香的高手。我们前面说过，宋朝人烧香，习惯使用"合香"。合香是需要人工配制的，不同的香料按不同的比例配制出来，香味也是不一样的。

苏轼擅长调制合香，他调制的一款合香，炙烤时，能散发出一股清新的梅花之香，配方得自宋代名臣韩琦，因而取名"韩魏公浓梅香"。苏轼的门生黄庭坚，更是制香的高手，宋朝有四款很有名的文人合香：意和香、意可香、深静香、小宗香，合称"黄太史四香"，就是黄庭坚调制出来的。

有一次，黄庭坚与一位法号叫惠洪的僧人朋友在湖南潭州（今长沙）游山玩水，恰好衡山花光寺的长老派人送来两幅墨梅图画。惠洪与黄庭坚一起在灯下欣赏。

黄庭坚："惠洪兄，这真是好画！好画！可惜闻不到梅花之香。"

惠洪和尚："要嗅梅香，又有何难。"只见他从囊中取出一粒香丸，投入香炉内，不消多时，便有梅花的暗香浮动。

黄庭坚："惠洪兄，这是何香，这么神奇？"

惠洪和尚："这是传说中的韩魏公浓梅香，苏轼苏大学士的独门秘香。"

黄庭坚恍然大悟："原来这就是韩魏公浓梅香？"

惠洪和尚笑："苏大学士知道你有香癖，却不肯将此香的制法教给你，真不够朋友啊。"

黄庭坚："就是就是。下回见到苏大学士定要讨个说法。"

惠洪和尚："此香之气味，举世无双，只是'浓梅香'的名字，有些欠妥。"

黄庭坚大笑："哈哈哈，我看不如改名'返魂梅'。返魂梅之名，要比原来的'浓梅香'高雅得多。"

惠洪和尚："对哦，改天遇到苏大学士，要跟他说说，哈哈哈。"

这个有趣的小故事载于《陈氏香谱》收录的黄庭坚自述中："余与洪上座（惠洪）同宿潭（潭州）之碧湘门外舟中，衡岳花光仲仁寄墨梅二枝，扣船而至，聚观于灯下。余曰：'只欠香耳。'洪笑，发谷董囊（收藏陈旧琐杂之物的布袋），取一炷焚之，如嫩寒清晓，行孤山篱落间。怪而问其所得，云：'自东坡得于韩忠献家，知余有香癖而不相授，岂小鞭其后之意乎。'洪驹父（黄庭坚外甥洪刍）集古今香方，自谓无以过此。以其名意未显，易之为返魂梅。"

黄庭坚制过一款"闻思香"，所用香料很寻常，无非是荔枝壳、丁香、松子仁等，是一款成本相当低廉、香味却颇清馥的合香。我们不要以为宋朝人配制合香，只能使用极其昂贵的沉香、龙涎香等名贵香料，荔枝壳晒干，研成粉末，再配上其他寻常香料，也可以做成清雅的香品。

你不要不相信，建议你做个小试验：将荔枝壳晒干，放入电蚊香器里烤热，保准会发出一股怡人的香味。陆游调制的一款"四和香"，所用香料便是荔枝壳、兰花、菊花、柏树果实，四种原料捣碎，以炼蜜调成小丸即可。由于成本低廉，陆游有些自嘲地将这款合香称为"穷四和"。

不过，我们也不要以为荔枝壳是宋朝穷人才会用的劣质香料。皇室也流行这种平民化的香料，比如宋仁宗的宠妃张贵妃，就很喜欢用荔枝壳、苦楝花、松子膜等寻常材料制作合香，不想使用沉香、檀香、龙涎香、麝香。苏轼刻薄地说：贵人"鼻厌龙麝，故奇此香"——好比是大富豪吃腻了山珍海味，便爱上了吃野菜、窝窝头。这位苏学士，真是一个大毒舌！

我倒觉得，宋朝人的焚香理念很可爱：他们鄙视一种名贵的进口沉香，认为它的香味过于腥烈，只宜入药，不宜用于焚香。但他们不会鄙视一文不值的荔枝壳，他们认为，以荔枝壳为主材料做成的合香，气味香馥，不失风雅。也就是说，在宋朝人的观念中，一款合香是雅是俗，取决于香料具有的香味品质，而与原材料的价格没有关系。

这样的焚香理念，恰恰是今人缺乏的。我知道今天有很多朋友都在复活宋朝式的点茶、插花、焚香，我们前面也说过，日本今天还保留着茶道、花道、香道。相对而言，香道无疑更小众，原因很简单，今天焚香，都是直接烧名贵香料，成本很高，不是寻常人玩得起的。

一块名贵的香料就这么白白烧掉，我看了也会觉得心疼。我们何不学习宋人，用香橙皮、荔枝壳等普通原料制作几款合香，试一试宋朝式的风雅呢？

插花：苏东坡教你怎么养一瓶花

我常常喜欢在回家的时候带一束花，有空的时候，和家人一起研究怎么样插花更好看，然后摆在家里显眼的位置，心情就特别好。这样的生活方式，并不是今天的小资、中产阶层才有，宋朝人也有插花的习惯。宋朝市民与我们一样，也会时常买一束鲜花回家，插于瓶中，放在客厅、书房、卧室、闺房里。

南宋临安人因为爱花，还传出了一个诡异的故事：

临安城丰乐桥旁边，有一户人家，户主叫周五，开纺织作坊，他有一个女儿，长得花容月貌，喜欢插花。有一天，门外传来卖花声，周小娘子出门一看，只见花贩子竹篮里的花朵鲜妍艳丽，与平常所见的鲜花大不一样，她心里喜爱，将身上所有的钱都掏出来，买了许多鲜花，插在闺房里。

自打在闺房里插了那些奇异的鲜花之后，周小娘子的举止也变得怪异起来。每到晚上，必细细打扮、化妆，半夜还在房里喃喃自语，如同与人聊天。父母见女儿这个样子，很是担忧。

这一日，周五在候潮门外遇到一个道士，道士告诉他："这位施主，看你印堂发黑，必定是家里出了妖怪。"周五一听，想起家中异状，吓得脸色发白："我家女儿好像是中了邪，请道长相救。"赶紧请道士来家中捉妖。

原来，是一种叫"猫魈"的妖怪，被周家的奇花所吸引，每至黄昏，便化作翩翩少年，骑着高头大马，来与周小娘子约会。这一切，只有周小娘子能看到，旁人都看不见。道士作法收了"猫魈"，周小娘子这才恢复了正常。

这个诡异故事里的"猫魈"作祟情节，当然是无稽之谈。不过，宋朝市井之家爱插花的习俗，却是真实的。

南宋淳熙十三年（1186）春，诗人陆游奉宋孝宗之召，从家乡绍兴来到都城临安觐见皇帝，暂时寓居于西湖边的一家客栈里。正赶上阴雨天，陆游躺在客栈的床上，听着窗外的雨声，辗转难眠。第二天清晨，雨停了，楼下的小巷深处，传来了清脆的卖花声：“卖杏花——卖杏花——”不知是哪位小娘子在小巷中叫卖刚摘的杏花呢。

陆游起床，听着这卖花声，忍不住写下一首题目为《临安春雨初霁》的七律，其中有两句是：“小楼一夜听春雨，深巷明朝卖杏花。”陆游这首诗，这两句写得最好，脍炙人口，传遍都城。

对生活在南宋都城的市民来说，他们整整一个春天，都可以听到悦耳的卖花声。三月春光将暮，百花尽开。卖花的小贩拖着婉转的腔调吟叫：“牡丹、芍药、酴醾、蔷薇、海棠、月季、杜鹃、千叶桃……”

各种鲜花，争奇斗艳。卖花人将鲜花采摘下来，用马头竹篮盛着，穿梭于大街小巷，沿门叫卖。恰如一首宋词所描述：“担子挑春虽小，白白红红都好。卖过巷东家，巷西家。　　帘外一声声叫，帘里鸦鬟入报。问道：买梅花？买桃花？”

宋朝商贩的叫卖声很讲究韵调，如同唱歌，十分动听。一位宋朝文人用了一段非常优美的文字，来描绘春天的卖花声：“歌叫之声，清奇可听。晴帘静院，晓幕高楼，宿酒未醒，好梦初觉，闻之莫不新愁易感，幽恨悬生，最一时之佳况。”

不独春季有卖花之声，在宋朝的大都市，其他季节也有鲜花叫卖，春天卖的是桃花、木香等，夏天卖的是茉莉、葵花、榴花、栀子花等，秋天卖的是木樨、秋茶花等，冬天则卖木春花、梅花、瑞香、兰花、水仙花等。一年四季，都可以买到鲜花。

市井人家尚且如此爱花，讲求生活品位、格调的士大夫群体，更是以插花为时尚。我们去读宋诗，便会读到宋朝诗人爱插花的时尚：“多插瓶花供宴坐，为渠消受一春闲。”这是高翥的诗歌《春日杂兴》。

　　春天，鲜花怒放，自然不可不插花。即便是冬天，百花凋零，也有梅花可插："胆样银瓶玉样梅，此枝折得未全开。为怜落莫空山里，唤入诗人几案来。"这是杨万里的诗歌《赋瓶里梅花》。有些风雅的文人出游，也要携带桌几，"列炉焚香，置瓶插花，以供清赏"。

　　讲到这里，我想起了前段时间，有一部以宋朝为背景的古装剧《知否知否，应是绿肥红瘦》，可能你也看过，我也刷了一遍。应该说，这部古装剧比较真切地展现了宋朝士大夫家庭的风雅生活。我记得有一集讲到，盛家为了让几个女儿学习大家闺秀需要晓得的礼仪、技艺，特意请了一位从宫里出来的孔嬷嬷，来教她们点茶、焚香、插花。

　　在讲解插花的技艺时，孔嬷嬷说："插花是门雅致、高深的学问。花艺讲究外师造化，内发心源，不但要美，更要有趣，若还能说出几番道理来，那便是化境了。配色讲究或浓烈，或淡雅，或冷，或暖，或二色互补，或一君一臣。"孔嬷嬷说的这番话，并非出自编剧的凭空

宋李嵩《夏花篮图》，北京故宫博物院藏

虚构，宋朝士大夫对插花艺术的理解，确实如剧中孔嬷嬷所言。

　　这群士大夫有审美，有学问，他们不但以插花为人生雅事，还将插花发展成为一门精湛、高雅的艺术。他们的插花，自然要比市井人家的插花讲究得多。什么时节宜插什么花，什么花当配什么瓶，不同的鲜花与绿叶该如何搭配，以哪种花为主，哪些花为辅，整体风格如何，一件插花作品蕴含着什么哲理，都有讲究，有一套复杂的理论。

　　比方说，有一些宋朝士大夫认为，插梅花应该用古铜器，因为梅枝的奇崛与铜器的古朴搭配在一起，相得益彰。而且，古铜器在地下埋了很多年，有深厚的泥土气，瓶内的铜锈也富含供养鲜花的营养，梅花插在古铜瓶中，经久不凋谢，甚至可以在瓶中结出梅子。今天的土豪，要是用古董瓶子装水插花，一定是个败家子。

　　我们熟悉的苏轼，也是一名热爱插花的士大夫，还摸索出一套保养鲜花的小窍门。他与弟弟苏辙都喜欢种菊花，因为春天时，幼嫩的菊叶可以当蔬菜，到了秋天，菊花盛开，则可以摘来插在酒瓶中，点缀生活。苏辙写了一首《戏题菊花》诗，描述说："春初种菊助盘蔬，秋晚开花插酒壶。"

　　让我们来假设一下：如果苏轼、苏辙兄弟与朋友一起聊天，插花应该就是他们聊天的话题之一，苏轼恐怕会忍不住先炫耀一番。

　　苏轼说："诸位，我发现了一个能延长花期的法子。用腌肉滚汁，捞去浮油，冷却后倒入瓶中，插梅花，可令梅花结成果实。煮鲫鱼汤亦有同样的效果。"

　　大伙儿一听，哈哈大笑。我猜，笑得最大声的人是黄庭坚。黄庭坚说："苏老师插的梅花，猫儿最喜欢。"

　　一旁的苏辙觉得奇怪，忍不住向黄庭坚发问："黄兄为何这么说？"

　　黄庭坚说："因为，有腥味啊。"

　　苏轼听出黄庭坚是在拿他打趣，赶忙接过话茬儿："咳咳，小伙伴们别笑话。我再说一个不腥的法子：插荷花，用毛发缠住折处，泥巴封住那里的小孔，再插入瓶中，灌上水，则花开数日不败。"

众人说："这个法子好。这个法子好。"

上面的对话虽然是我虚拟的，但你不要以为这些插花小窍门是我捏造出来的，它们真的是苏轼发现并记载在书里的。见苏轼《格物粗谈》："腌肉滚汁，彻去浮油，热入瓶，插梅花，可结实。煮鲫鱼汤亦可"；"荷花以乱发缠折处，泥封其窍，先入瓶底，后灌水，不令入窍，则多存数日"。有兴趣的朋友，不妨按照苏大学士的法子，在家里插一瓶梅花或者荷花，看看是不是真的可以延长花期。

悄悄告诉你，我试过了，效果还不错哦。

簪花：绽放在发梢的一抹春色

不知道各位有没有看过一部以唐朝为历史背景的古装剧《长安十二时辰》？剧中第一集有一个细节，让我印象深刻：元宵之夜，长安城的女孩子纷纷走出家门，上街赏花灯，每一个人都打扮入时，衣装光鲜，发梢别着一朵醒目的鲜花。这是流行于唐朝的一种时尚，叫作"簪花"。唐代画师周昉绘有一幅《簪花仕女图》，画的便是几位簪花的贵族女子游园赏春的情景。

唐朝的簪花时尚一直延续到了宋朝。在百花盛开的春夏时节，到处都可以看到簪花的女子。南宋的六月，茉莉花刚刚上市，一束花要卖几百文钱，你到酒楼吃顿大餐，也就几百文，但临安的女性，爱美，不觉得花贵，争着买来插在头上。鲜花插在头上特别容易枯萎，半天时间，一束绽放的茉莉花就蔫了。数百文钱，只供一晌之欢，但爱美的宋朝女性并不会觉得不值。

就连山村里的老婆子，也要在头上戴朵野花。南宋有一首《竹枝歌》，描述了四川岷江采茶女子的簪花时尚："白头老媪簪红花，黑头女娘三髻丫。背上儿眠上山去，采桑已闲当采茶。"如果说，"黑头女娘三髻丫"体现了青春美，那么，"白头老媪簪红花"便是老来俏。你看宋朝女子多爱美。

恋爱中的小娘子更不能不簪花。每天早晨，门外总会传来清亮的卖花声，小娘子忍不住叫住卖花人，买了一束含苞欲放的鲜花，那花苞上，还带着露珠，犹如眼泪晕染了红颜，显然刚刚从枝头摘下来。看着这娇嫩的花骨朵，小娘子的心里，有一丝忐忑，担心情郎说，人面不如花容。但她偏要将这朵鲜花簪在鬓边，让情郎比较着看：到底是我的容颜好看，还是花朵好看？

这名热恋女子买花的细腻心思，后来让李清照写成一首《减字木兰花》。我们来读一读："卖花担上，买得一枝春欲放。泪染轻匀，犹带彤霞晓露痕。　　怕郎猜道，奴面不如花面好。云鬓斜簪，徒要教郎比并看。"

女子簪花并没什么稀奇，让我觉得有意思的是，在宋朝，男人也有簪花的时尚。

我看过北京故宫博物院收藏的一幅宋画《田畯醉归图》，画的是一名参加官府宴会的老农，喝得醉醺醺的，骑在牛背上回家，他的头上便别着一朵鲜艳的牡丹花。

我们都很喜欢的宋朝诗人苏轼，就写过一首诗《吉祥寺赏牡丹》："人老簪花不自羞，花应羞上老人头。醉归扶路人应笑，十里珠帘半上钩。"正好可以拿来作为这幅《田畯醉归图》的解说词。

读《水浒传》的时候，意外地发现，好几个长得五大三粗的梁山好汉，居然都有簪花的喜好，比如"小霸王"周通，"鬓傍边插一枝罗帛像生花"；"短命二郎"阮小五，"斜戴着一顶破头巾，鬓边插朵石榴花"；"病关索"杨雄，"鬓边爱插翠芙蓉"；"浪子"燕青，"鬓畔常簪四季花"；"一枝花"蔡庆，是个刽子手，却"生来爱戴一枝花"，他的绰号"一枝花"便来自簪花的喜好。

小说中有一回描写，元宵之夜，"小旋风"柴进想混入东京大内，便乔装打扮，换上官服，在幞头边"簪翠叶花一朵"，他为什么要这么打扮？因为元宵夜宋徽宗要驾临东华门，观赏花灯，与民同乐，皇帝给负责防卫的武官与士兵每人赏翠叶花一朵，头上簪着御赐翠叶花的人，才可以进入皇城东华门。

唐朝长安的元宵夜，是满城女子尽戴鲜花；宋朝东京的元宵夜，则

宋刘履中《田畯醉归图》上的簪花老农，北京故宫博物院藏

是男人、女人都簪花，红男绿女发髻上的鲜花，与满街悬挂的花灯争艳，正如一首宋诗所形容的："列肆千灯争闪烁，长廊万蕊斗鲜妍。"

簪花是宋时全民性的时尚，在春季的洛阳，牡丹盛开，城中不分男女老少、贫富贵贱，都在头上插牡丹花。在扬州，春时芍药怒放，也是不分贵贱，"皆喜戴花"。扬州的芍药名扬天下。扬州芍药中，有一个品种非常名贵，花瓣为紫色，如同紫袍，中间有一条金线，名为"金腰带"。相传有机会簪到"金腰带"芍药的人，都可以当上宰相。

说到"金腰带"，我要给诸位说个有趣的故事。

北宋庆历年间，大臣韩琦在扬州任知州。一日，扬州衙署花园的芍药居然开出了四朵形大、色鲜，且花瓣边缘为金黄色的"金腰带"。韩琦大喜，下令在花园中摆宴庆贺。

受邀而来的通判王珪、签判王安石，与知州韩琦都是当时的名士，下官核计，四朵芍药给他们三人一人一朵，第四朵花一时抓不到主人。适逢大名士陈升之赴任途经此处拜谒韩琦，于是第四朵花有了主人。

等陈升之入席后，韩琦又唤来家仆："将这四朵芍药剪下来，给三位客人簪上。"当然，最后一朵"金腰带"留给了韩琦自己。

诸位猜猜，之后的故事怎么发展？你们听了说不定会和我一样大吃一惊。十余年后，设簪花宴的韩琦果然拜相；二十余年后，陈升之与王安石拜相；三十年后，王珪也拜相。真的应了戴"金腰带"者可以当宰相的传说。

韩琦设簪花宴的故事被许多人称道，还有好几位画家将这个故事画下来，题为《四相簪花图》。今天，如果你到扬州瘦西湖旅游，还可以在湖畔看到一组"四相簪花"的雕塑。

武侠小说作家金庸先生创作《鹿鼎记》时，也将"四相簪花"的故事写入小说里。

话说韦小宝以钦差大臣的身份巡视扬州，衣锦还乡。这一日，扬州知

唐周昉《簪花仕女图》，辽宁省博物馆藏

府吴之荣设宴，为钦差大臣韦小宝接风洗尘。宴席设在扬州一处芍药
圃，吴之荣先请韦小宝赏花。布政司慕天颜摘了一朵碗口大的芍药花，
双手呈给韦小宝："请大人将这朵花插在帽上，卑职有个故事说给大人
听。"

韦小宝接过花来，插在帽上："这花戴着倒是不错，你说说吧。"

慕天颜："恭喜大人，这芍药有个名称，叫作'金带围'，乃是十分
罕见的名种。古书上记载，戴这'金带围'的人，日后会做宰相。"

韦小宝："哪有这么准？你怕不是在逗我吧？"

慕天颜听了，便向韦小宝讲了北宋的四相簪花宴。韦小宝听得心花
怒放，只是此人不学无术，不知他心里会不会感到奇怪：怎么大男人
头上也簪一朵花，就好像丽春院的姑娘。

不过，对宋朝的男子来说，簪花确实是一种时尚。不但士大夫、平

民百姓喜欢簪花，有时候，就连皇帝也会簪花。

北宋元丰年间，神宗皇帝游览皇家林苑"金明池"，刚好洛阳进献了一朵牡丹花，大如脸盆，神宗便在头上戴了这朵牡丹花。南宋淳熙年间的元旦，宋孝宗给太上皇宋高宗祝寿，自皇帝、群臣，至禁卫、吏卒，头上都簪花，诗人杨万里将这一盛况写入诗歌里："春色何须羯鼓催，君王元日领春回。牡丹芍药蔷薇朵，都向千官帽上开。"杨万里文笔好，将百官簪花形容为"春色在官帽上绽放"。

要我说，宋朝流行的簪花时尚，就是绽放在宋人发梢的一抹春色啊。

刺青：花绣之美可比绣花

在中国四大古典名著之一的《水浒传》里，作者施耐庵塑造了108名梁山好汉。如果让男性来选印象最深的角色，他们恐怕会选最有人气和威望的"及时雨"宋江；如果让女性来选，她们可能会选最好看的那一个。但如果我们的选择标准不是"颜值"最好看，而是谁身上的"花绣"最好看呢？

看到这里，你也许会有点疑惑："花绣"是什么？

不要以为是"绣花"，宋人说的"花绣"，其实是"刺青"的意思。刺青俗称"文身"，在《水浒传》里，就有好几名梁山好汉是文身大哥。假如梁山泊要举办一场花绣大赛，究竟哪一名好汉可以夺魁呢？

顺便跟你说件有意思的事，宋朝的刺青爱好者确实会经常组织刺青展示大赛，叫作"赛锦体"，比一比谁身上的刺青最漂亮，得票最高者，可以赢得一笔奖金。

我想，如果梁山泊举行"赛锦体"，那么场面一定很精彩。我们脑补一下各位参赛的好汉会怎么自我介绍——

鲁智深："我是'花和尚'鲁智深，你们知道我这绰号是怎么来的吗？看我背上的花绣。"

史进："请投我九纹龙一票！"——这里容我插一句嘴，史大郎史进身上的花绣的确非比寻常，那是他父亲史太公请了高手匠人刺的，在肩膀、胳臂、胸膛一共刺了九条龙，所以大伙儿都叫他"九纹龙"史进。

听了"九纹龙"的话，"矮脚虎"王英坐不住了："九条龙是很了不起，但俺娘子扈三娘的一身花绣才最漂亮！"扈三娘是梁山泊的一名女汉子，绰号"一丈青"。"一丈青"是什么意思？多数人表示与她身高较高有关，但也有研究者认为，"一丈青"指的就是扈三娘身上的刺青，扈三娘在身上刺了一条一丈长的青蛇，因此，江湖人称"一丈青"。如果研究者的这一判断是准确的，我想，扈三娘的这身花绣，无疑是很性感的。

不过，若论最漂亮、最好看的花绣，我认为当属"浪子"燕青。

燕青："我燕青，自小父母双亡，由主人卢俊义养大，主人见我一身皮肤雪一样白，便请了高手匠人，给我刺了一身花绣。"

你猜，燕青身上绣的是什么？《水浒传》用一首诗来形容："中有一人名燕青，花绣遍身光闪烁。凤凰踏碎玉玲珑，孔雀斜穿花错落。一团俊俏真堪夸，万种风流谁可学。锦体社内夺头筹，东岳庙中相赛博。"诗中的"玉玲珑"，指水仙花。从诗句的描述，我们可以知道，燕青身上刺的是一幅构图复杂、色彩艳丽的花鸟画。

跟燕青身上的花绣一比，其他梁山好汉刺的是什么？无非是一个豹子头、老虎头，或者是几条龙、一条蛇什么的，实在谈不上有什么审美。

《水浒传》直接说，燕青这身花绣，"若赛锦体，由你是谁，都输与他"。所以，我才敢肯定地说，如果梁山泊来一场花绣大赛，冠军一定是燕青。

就连东京城里的青楼头牌李师师，都听说了燕青有一身令人惊艳的花绣，想一睹为快。有一回，燕青混入东京城，拜见李师师。两人一边唱曲儿，一边喝小酒，数杯酒之后，李师师突然兴起，居然让燕青脱衣服。我们来看一下当时他们的对话——

燕青："姐姐，小弟真的不敢再喝了。"

李师师："来，喝吧。"

宋佚名《眼药酸图页》上的刺青艺人，北京故宫博物院藏

　　燕青："真的不敢再喝了。"

　　李师师（有醉态）："闻知哥哥一身好文绣，愿求一观如何？"

　　燕青："小人贱体虽有些花绣，但怎敢在娘子跟前宽衣解带，失了礼数。"

　　李师师："何必拘礼？哥哥这般遮掩，我倒是越发想看了。"

　　燕青："姐姐……好。"

　　李师师三番五次，定要讨看。燕青只好将上衣脱下来。李师师看了，大喜，用一双纤纤玉手，抚摸着燕青身上的刺青。

燕青恐怕她动手动脚，难以回避，心生一计，便问道："娘子今年贵庚多少？"

李师师答道："师师今年二十有七。"

燕青说道："小人今年二十有五，却小两年。娘子既然错爱，愿拜为姐姐。"

这一段对话并不是我想象的，而是引用《水浒传》中的描写。我们不能说燕青不解风情，因为他心中自有分寸。

《水浒传》讲述的江湖好汉爱刺青之尚，并不是小说家的虚构，而是真实的宋朝社会现象。

唐朝与宋朝都流行刺青，不同的是，唐朝的刺青之风只流行于不良少年群体，他们在身上刺青，往往是为了展现自己的叛逆精神。官府对民间的刺青行为也采取不容忍的立场，若发现有市民刺青，会将他们抓起来，然后，用烧红的铁丝把刺青"擦"掉，这叫作"炙灭"。炙烤的炙，消灭的灭，想想就觉得好恐怖。

今天如果你想穿越到大唐盛世，我要提醒你：如果你身上有刺青，穿越之前请考虑清楚。如果你穿越到宋朝，就不用担心会被"炙灭"，因为宋朝官府对于民间的刺青之风，不再采取粗暴干涉的做法，你身上有没有刺青，官府不会管你。也因此，刺青之风在宋朝更为兴盛。

流风所及，喜欢刺青的，未必尽是不良少年、江湖好汉，而是一时之风尚，用宋朝人的话来说，"今世俗皆文身，作鱼龙、飞仙、鬼神等像，或为花卉、文字"。

甚至有一些士大夫也有刺青的经历，比如北宋末，有一个叫李质的官员，少年时刺青过，宋徽宗赐号"锦体谪仙"。南宋时，有一个叫李钫孙的读书人，少年时在大腿上刺了一个"摩睺罗"。什么是"摩睺罗"？就是用土、木、蜡等制成的婴孩形的玩具。你也可以把它看作是宋朝流行的"芭比娃娃"。

可以这么说，刺青是许多宋朝男儿的"青春期标志"，少年人热血不羁，爱赶时髦，总想表达与俗众不同的想法，在身上刺一个图案、几行文字，大概也是出于这样的心理，就如一首宋朝诗歌所描写的："少年宕子爱雕青，文彩肌肤相映明。闹里只图遮俗眼，强将赤体以为荣。"雕青即刺青。

由于刺青成了社会时尚，刺青的人很多，宋朝大都市中便出现了"刺青协会"，叫作"锦体社"，专门为人刺字和文身的工匠则被称为"针笔匠"。

不过，宋朝官府虽然不干预平民刺青，却不准许宗室子弟、官员群体刺青。在南宋后期，读书人如果被发现身上有刺青，是不允许参加科举考试的，除非想办法将刺青弄掉。我觉得这个规定有一定的道理，一个官员，或者一个皇族，如果身上有文身，给人的感觉确实是怪怪的。

讲个有趣的故事。宋朝有一些官员生性放浪、轻浮、贪玩，比如宋徽宗朝的宰相李邦彦，就是一个贪玩之徒，人称"浪子宰相"。为了刺青一事，他还专门和妻子商量。

李邦彦："娘子，那日我看着市井少年郎身上的花绣，心里痒痒的，也想刺一个。"

妻子："相公，你既然喜欢，那就刺呗。"

李邦彦："可是，朝廷不允许。"

妻子："在背上，别人也看不到啊。"

李邦彦："可是，我怕痛。"

妻子："那你自个儿想办法吧。"

你猜怎么着？李邦彦还真的想出了一个好办法：在透明的薄绢上作画，然后，将画好的薄绢贴在身上，就如同今天的文身贴，想贴哪个部位就贴哪个部位，效果如同刺青，又免受针刺之苦，而且随时可以更换新的图案。

　　不好意思，李邦彦与妻子的对话是我演绎的，但李邦彦确实使用过"文身贴"。《大宋宣和遗事》记载："（徽宗时）李邦彦以次相阿附，每燕饮，则自为倡优之事，杂以市井诙谐，以为笑乐。人呼李邦彦做'浪子宰相'。一日侍宴，先将生绡画成龙文贴体；将呈伎艺，则裸其衣，宣示文身，时出狎语。"李邦彦在透明的生绡上画出龙纹，然后贴在身体上，看起来就像是文身一样，可谓是文身贴的发明人。但堂堂宰相为了博皇帝一笑，居然扮成文身哥，扮成戏剧小丑，真的不成体统，所以我虚构了一段"我怕痛"的故事来讽刺他。

　　今天有一些年轻人想刺青又怕痛，也会用文身贴，其实这玩意儿也是宋朝人的玩法啊。

美妆：宋朝小娘子的妆盒里有什么？

我相信，你们身边的很多女性朋友一定很喜欢也很擅长化妆。她们随身携带的包包里，会放着口红、散粉、眉笔、吸油纸，甚至眼霜、面膜等等。爱美是女人的天性，无论中西，也无论古今。在宋朝女性的妆奁里，化妆品也是"一个都不能少"的。

让我们来假设一个场景：一名宋朝小娘子与她的闺密们一块儿聊天。我敢打赌，她们的话题一定绕不开化妆品。

甲娘子："前日我家大郎从临安府回来，给我带了一枚画眉的香墨，叫'七香丸'，画出来的眉色浓淡适宜，还带有一股淡淡的香味。你们闻闻。"

乙娘子："嗯。真的香香的，你给我试试。"

丁娘子："我帮你画。"

丙娘子："哦，我家二郎下个月也去临安府呢。听说临安府的'修义坊北张古老胭脂铺'和'官巷北染红王家胭脂铺'，有海外大食国进贡的胭脂与口脂。我想让我家二郎给我带几盒回来。"

丁娘子："大食国的胭脂、口脂都不是特别好，听说是用一种叫胭脂虫的虫子做的。"

甲娘子："真的啊？"

丁娘子："但是啊，大食商人带来的'蔷薇水'是真的好，不如叫你家二郎买几瓶'蔷薇水'回来。"

甲娘子："大郎竟然没有给我买'蔷薇水'！看我怎么收拾他。"

这几位宋朝小娘子的对话是我虚拟的，但对话中提到的七香丸、口脂、胭脂、蔷薇水等等，却不是我捏造出来的，都是宋朝女性常用的化妆品。

　　口脂是什么？就是我们熟悉的口红。

　　我们化妆要抹口红，宋朝女子也是。宋词中有一个词牌，叫"点绛唇"，换成大白话，就是"涂口红"的意思。那么宋朝人会怎么点绛唇、涂口红呢？我们看古装电视剧、古装电影，往往会看到，古时女孩子抹口红时，是取出一张红纸，用双唇抿一下，让纸上的红颜色印上嘴唇。我悄悄告诉你，这是现代编导的"脑洞"，并不是真实的历史。

　　古人其实是用口脂来美化双唇的。口脂以蜂蜡为材料，以紫草汁

宋苏汉臣《妆靓仕女图》，图中女子正在闺房内对镜化妆

液、朱砂为染色剂，调制成膏状，装在小盒里；或者制成圆条状，装入圆筒里——跟我们化妆包里的口红差不多。记得唐朝大诗人杜甫有一首诗是这么写的："口脂面药随恩泽，翠管银罂下九霄。"诗中的"面药"，是敷面的润肤品，用"银罂"装着；口脂是口红，用"翠管"装着。宋朝女子的口脂还常常加入了香料，所以她们留下的唇印，还带着香味。

我们现在化妆，要先用粉底，宋朝女孩子梳妆，也离不开粉底。有一首宋诗《田家谣》中写道："中妇辍闲事铅华，不比大妇能忧家。"意思是说：这家农户，大媳妇勤快，二媳妇爱美，忙里偷闲化妆打扮。你看，连田家女都这么爱漂亮。诗中的"铅华"，便是粉底。"铅华"这个词听着很有美感，其实就是铅粉。铅粉可以美白，却有毒，宋朝人也知道铅粉有害，所以她们也用石膏、滑石、蚌粉、米粉调制粉底。

用好粉底铅华，就要用腮红了，也就是胭脂。胭脂也是宋朝女子不可或缺的化妆品。粉底可美白，胭脂能让肤色红润。宋朝大文豪欧阳修写过不少艳词，这些艳词多次提到胭脂，例如："深点唇儿淡抹腮""洒着胭脂红扑面"。意思是说，女孩子化妆，红唇要浓，胭脂要淡，脸部肤色要白里透红。看来，欧阳修也可以去当美妆达人呢。

宋朝人习惯从红蓝花、紫草等植物中提取染色素，用于制作胭脂。将红蓝花、紫草捣碎，压挤出汁液，便可得到染色素，纯天然、纯植物精华，是不是？宋代还有一种制作胭脂的原材料，叫作"紫铆"。

紫铆，是某种植物经虫咬之后的分泌物，凝结如糖霜，挂于枝头，呈紫黑色，但研成粉末后则为鲜红色，宋人常用它制作胭脂。南宋时，临安"修义坊北张古老胭脂铺""染红王家胭脂铺"出品的胭脂，是响当当的名牌化妆品。宋朝人也有追名牌的消费习惯，几个宋朝小娘子聚在一起，免不了要相互问道：你用的是什么牌子的胭脂、口脂？

除了嘴唇，眉毛也是女孩子梳妆打扮的重点部位，所以，宋朝小娘子梳妆时，画眉是必不可少的一道程序。我记得金庸老爷子的武侠小说《倚天屠龙记》结尾就写到，赵敏要求张无忌给她画眉。

赵敏说："无忌哥哥，你曾答允我做三件事，第一件是替我借屠龙刀一观，第二件是当日在濠州不得与周姊姊成礼，这两件你已经做了。还有第三件事呢，你可不能言而无信。"

张无忌吃了一惊，说道："你……你……你又有什么古灵精怪的事要我做……"

赵敏嫣然一笑，说道："我的眉毛太淡，你给我画一画。这可不违反武林侠义之道吧？"

张无忌提起笔来，笑道："从今而后，我天天给你画眉。"

赵敏要情郎给她画眉，是因为她觉得自己眉毛太淡。宋朝女孩子爱画眉，原因可不是眉毛淡，而是想给眉毛画美妆，这叫作"眉妆"。为了方便画眉妆，许多宋朝女孩子干脆将眉毛剃掉，这样，就可以随心所欲地用眉笔蘸上颜料，画出心爱的眉型。

古代女性圈流行的眉型，可谓千姿百态。有长眉，盛行于南北朝；有阔眉，唐朝比较流行，你去看周昉的《簪花仕女图》，图中贵族女性画的便是阔眉妆；又有广眉、细眉、涵烟眉、拂云眉、连头眉、飞蛾眉、柳叶眉、桂叶眉、鸳鸯眉、远山眉、垂珠眉……名目太多，让你眼花缭乱。

唐宋时期，有一幅《十眉图》流传，画了当时最流行的十种眉妆，实际上社会流行的眉妆，肯定不止十种。长安平康坊有一个叫"莹姐"的歌妓，擅长美妆，画眉尤其拿手，眉型一日一变，一月三十天，没有两天是重样的。有人跟她开玩笑说："西蜀有《十眉图》，流传一时，你一人就可以作《百眉图》。再过几年，定有人给你修一部《眉史》。"

眉型这么多，给赵敏画眉的张无忌估计要忙坏了。那么张无忌给赵敏画眉，会用什么材料呢？唐朝人与明朝人画眉，喜欢用天然的黛石，即石墨，有一种从波斯进口的画眉石，叫"螺子黛"，一颗价值十两银子。宋朝人与元朝人画眉，则习惯用人工调制的画眉墨。南宋临安品牌商出售的"画眉七香丸"，是一种带有香味的名牌画眉墨。考虑到赵敏郡主生活在元末明初，她的梳妆盒里，应该备有画眉石或者画眉墨。

　　梳发、洗脸、敷粉、抹胭脂、点唇、画眉，一套美妆化出来，可以出门逛街了，且慢，还有一道程序不要忘记：给自己洒几滴香水。宋朝当然也有香水，一首宋朝诗歌这么描述女孩子梳妆："美人晓镜玉妆台，仙掌承来傅粉腮。莹彻琉璃瓶外影，闻香不待蜡封开。"诗中，琉璃瓶装着的便是香水。

　　宋朝人习惯将香水叫作"蔷薇水"，品质最好的"蔷薇水"来自大食国，香味浓郁、持久不散。我们读宋朝人写的诗词，便会发现很多都提到"蔷薇水"，比如一首宋词写道："百和薰肌香旖旎，仙裳应渍蔷薇水。"一首宋诗写道："谁将玉胆蔷薇水，新濯琼肌锦绣禅。"这些诗句告诉我们：宋朝人喜欢在衣服、肌肤上洒"蔷薇水"，让自己的身体散发出淡淡的芳香。

　　读到这里，你是不是忍不住也想补个淡妆，洒几滴香水？我们对美的追求，也不能输给宋朝人，对不对？

第三辑 闺中的风采

许多人都以为宋代是女性受到严厉束缚的时代，但事实并非如此。宋朝的女子可以穿着素雅又透出小性感的抹胸＋褙子，落落大方，可以当厨娘、女掌柜等职业女性，在订婚之前可以跟男方相亲，可以以奁产的形式从父母那里得到一笔财产，婚后在若干情况下可以主动提出离婚……

宋朝女性如何择偶？

　　许多朋友可能都会认为，古人的婚姻大事，讲的是"父母之命，媒妁之言"，是包办婚姻，新郎、新娘结婚之前是不能见面的，所以，不可能有恋爱、有相亲。其实，这种说法有些绝对化，事实上，宋朝的年轻男女在媒人上门说亲之后，是可以提出相亲的。

　　我先给大家讲一个故事，这个故事记录在宋朝话本《西山一窟鬼》中。故事有点惊悚，讲的是：南宋绍兴年间，有一个叫吴洪的秀才，来临安府考取功名，却未能考中，想回家又缺乏盘缠，便在临安城内的州桥下开一个小小的学堂，收几名学生，教书度日。

　　这一日，吴秀才正在学堂里教书，只听得青布帘儿上铃声响，走进一个人来，原来是半年前搬走的邻居王婆。王婆是个媒人，专靠做媒为生。她这次上门，是专门来给吴秀才说亲的。

　　只听那王婆说："吴小官人，喜事喜事！"

　　吴秀才说："王妈妈，有何喜事？"

　　王婆说："有一门亲事等着您，女方是一个叫李乐娘的小娘子，长得美丽大方，又知书识礼，租住在旧邻舍陈干娘的家里，说亲的都踏破了门槛，但李乐娘却说，我只要嫁个读书官人。这小娘子，跟秀才您正是天设地造的一对。"

　　吴秀才一听大喜，便拜托王婆说合，并约了一个相亲的时间。

　　到了相亲那天，吴秀才换了件新衣裳，早早放了学生回家，来到约定的地点——梅家桥下酒店，媒人王婆早已在酒店外候着。王婆引着吴

宋张择端《清明上河图》中，孙羊正店门前有一对亲密的小夫妻

秀才进了酒店，与陈干娘见面。

吴秀才问道："小娘子在哪里？"

陈干娘说道："在东阁儿里坐着呢。"

吴秀才走到东阁窗外，用舌尖舔破窗纸，忍不住喝彩："她不是人！"

陈干娘听了吓了一跳，说："如何不是人？"

吴秀才说："这，分明是天上的仙女！"

原来，那李乐娘长得花容月貌，吴秀才满意得不得了，当下便从怀中掏出一支发钗，走入东阁，插在李乐娘的发髻上，定下了亲事。

过了几天，吴秀才便将李乐娘娶过门。婚后夫妻倒也恩爱，但有一年清明节，吴秀才夜间经过一个野墓园，见到墓堆中跳出一个人，听她声音，竟然是李乐娘。原来，做媒的王婆、嫁人的李乐娘，都已去世多年，吴秀才这才知道，自己竟然娶了一个鬼新娘。

这是一个《聊斋志异》式的故事。但我讲这个故事，并不是为了吓唬你，而是请你注意故事中的一个细节：吴秀才与李乐娘成亲之前，是相过亲的。相亲时，吴秀才对李乐娘很满意，将一支发钗插到李乐娘的发髻上。这是真实的宋朝婚俗。

按照宋朝的婚俗，男方与女方经媒人说亲之后，有一个相亲的程序，也就是说，双方约定一个时间，由媒人安排一个地方，让男方与女方见上一面，看看是否中意。这便是相亲。

相亲的地点，通常是女方的家里，或者找一个比较惬意的园圃、湖舫。到了约好的相亲时间，男方带着礼品，前往拜会女方。见过面，准新郎如果觉得满意，就用一支金钗插到准新娘的发上，这叫作"插钗"。《梦粱录》对此有生动记载："婚娶之礼，先凭媒氏。……伐柯人（即媒人）两家通报，择日过帖，各以色彩衬盘、安定帖送过，方为定论。然后男家择日备酒礼诣女家，或借园圃，或湖舫内，两亲相见，谓之'相亲'。男以酒四杯，女则添备双杯，此礼取男强女弱之意。如新人中意，即以金钗插于冠髻中，名曰'插钗'。……既已插钗，则伐柯人通好，议定礼，往女家报定。"

说到这里，我忍不住想起那部经典的电视连续剧《新白娘子传奇》，白娘子和许相公的定情信物，也是一支金钗。可见这金钗的寓意有多好！

对于宋人来说，插钗意味着"速配成功"，可以定亲了。那如果准新郎对女方不满意呢？就给女家送彩缎两匹，这叫作"压惊"，是男方暗示这门亲事不成了，非常抱歉，送上一点礼物，表示歉意。

我觉得宋朝的这个相亲习俗很有意思，特别值得今天的电视相亲节目借鉴。比如男女嘉宾如果成功牵手，男嘉宾应该给女嘉宾插上一支发钗；如果男嘉宾拒绝给他留灯的女嘉宾，也应该送上一份礼品表达歉意。你说是不是？

宋朝也有自由恋爱。

让我再给你讲一个故事，这故事记录在另一个宋朝话本《闹樊楼多情周胜仙》中，讲的是：宋徽宗年间，东京开封府有一个年轻人，叫范二郎，兄长在樊楼内开酒肆。这一日，范二郎在樊楼边的茶坊遇见一个女孩儿，两人"四目相视，俱各有情"。

那女孩子叫周胜仙，对范二郎一见钟情，心里暗自思量："我若能嫁得这般子弟，不知该有多好。今日错过，他日再去哪里找？可是，又如何与他搭话？"

周胜仙正想着，就听到茶坊门口叫卖声响起，原来是一个卖糖水的小贩经过。周胜仙听见，心生一计，便叫道："卖水的，倒一盏甜蜜蜜的糖水来。"

小贩倒了一盏糖水，递给她。周胜仙接过，才尝了一口，就将装糖水的铜盂儿一丢，叫道："好好！你居然暗算我！你知道我是谁吗？我是曹门里周大郎的女儿，我的小名叫作胜仙小娘子，今年一十八岁，不曾吃人暗算。你今天却来算计我！我是不曾嫁的女孩儿。"

范二郎在一旁听着，心中若有所思："这小娘子言语蹊跷，分明是说与我听的。"

还没等范二郎想好如何反应，卖糖水的小贩见状着急了："告小娘子，小人怎敢暗算？"

周胜仙说："如何不是暗算我？盏子里有条草。"

听了两人的对话，范二郎灵机一动，也叫道："卖水的，你给我也倒一盏甜蜜蜜的糖水来。"

卖糖水的小贩便倒了一盏糖水在手，递与范二郎。范二郎接过盏子，吃一口水，也把盏子一丢："好好！你这个人真的是要暗算人！你知道我是谁吗？我哥哥是樊楼开酒店的，唤作范大郎，我便唤作范二郎，今年一十九岁，未曾吃人暗算。我射得好弩，打得好弹，我也不曾娶浑家。"

周胜仙听在耳里，知道范二郎的意思。只可怜那卖糖水的小贩一直被蒙在鼓里，满肚子委屈，又不敢冲着胜仙小娘子发作，只好对着范二郎诉苦："你又是什么意思，说与我知道？指望我与你做媒？你便告到官司，我是卖水，怎敢暗算人！"

范二郎说："你如何不暗算？我的盂儿里也有一根草叶。"

周胜仙听了，心里好生喜欢，站起身来，却只看着那卖水的小贩，说："我要回去了。你敢随我去吗？"

范二郎一听，心里便清楚了："她这话分明是叫我随她去。"

于是，范二郎一路跟着周胜仙，走到周家门口。胜仙入门去，却又掀起帘子，回过头来瞧他。范二郎心中喜欢，在周家门口徘徊了大半天，直到晚上，方才归家。

两个年轻人自打这次邂逅后，都得了相思病。恰好周胜仙家的隔壁有一个王婆，没错，好像古代的媒婆都姓王。这位王婆既做媒人，又会与人看脉，知人病情轻重，周家便请她过来给胜仙看病，又托她前往范家说亲。王婆来到樊楼，对范二郎的哥哥范大郎说："曹门里周大郎家，特使我来说二郎亲事。"范大郎、范二郎听了，都很高兴。这门亲事很快就说成了，下了定礼。

这个故事里的周胜仙，虽然对卖糖水的小贩不太友好，但也算是一位敢于追求爱情的女孩。她与范二郎的婚事，也经过"父母之命，媒妁之言"的程序，但在媒人说亲之前，两个年轻人就已经相识，并且一见钟情，这才托了媒人前往说亲。

在宋朝，少男少女谈恋爱的事情应该不会很罕见，因为有好事的宋人总结了一套跟女孩子搭讪、交往的指南，用来指导小郎君追求小娘子，叫作《调光经》《爱女论》。所谓调光，即调情的意思，介绍《调光经》的宋话本说："原来调光的人，只在初见之时，就便使个手段，便见分晓。有几般讨探之法，说与郎君听着，做子弟的牢记在心，勿忘了《调光经》。"

《调光经》告诉宋朝男孩子，遇上了心仪的女孩子，当如何上前搭讪，如何博取对方好感，如何发展感情：要"屈身下气，俯就承迎"，"先称他容貌无双，次答应殷勤第一"，"才待相交，情便十分之切，未曾执手，泪先两道而垂"，"讪语时，口要紧；刮涎处，脸须皮"，"以言词为说客，凭色眼作梯媒"，"赴幽会，多酬使婢；递消息，厚贶鸿鱼"，"见人时佯佯不睬，没人处款款言词"。

《调光经》与周胜仙的故事也告诉我们：不管是女孩子，还是男孩子，如果遇见了让自己怦然心动的意中人，可以勇敢地表白。我们要是以为宋朝人只有包办婚姻，没有爱情，没有谈情说爱，那可就误会古人了。

宋朝的悍妻、妒妇

古代社会是男权社会，不过，在男权的浊世里，也有一股清流，那就是"怕老婆"的社会现象。怕老婆，文雅一点的说法叫作"惧内"。每一个时代，总有一些男人惧内，但宋朝惧内的男人似乎特别多。在波澜壮阔的中国惧内史上，宋朝人至少贡献了三个著名的典故。

第一个典故叫"河东狮吼"，相信许多朋友都听说过这个故事，也看过电影《河东狮吼》。"河东狮"其实指的是陈慥（字季常）的妻子柳氏。陈季常与苏东坡是好友，自号"龙丘先生"，陈季常好客，热爱艺术，会享受生活，同时又是一个"气管炎"（妻管严）。每当家里来了客人，陈季常总是以美酒相待，并叫来几名女文青、女艺人、女粉丝作陪，席间高谈阔论，宾主相谈甚欢。

我们想象一下这场文艺沙龙的画面——

女文青用崇拜的语气说："四郎，听说您对养生颇有研究，能说说我们女孩子该如何养生吗？"

陈季常："说到养生，我的朋友苏东坡才是行家。可惜他今天不在这里。"

客人甲："季常兄少年时学剑，为何如今却迷上养生？"

客人乙："想必是打不过尊夫人。"

这时，陈季常的夫人柳氏突然在后堂吼道："陈季常！你又在胡说什么？"

陈季常赶紧跟大家说："我家领导叫我了，我进去一下。失陪失陪。"一溜小跑进了后堂，低声问妻子："夫人有何吩咐？"

柳氏："陈季常，上次你是如何答应我的？你说以后请朋友喝酒，再也不叫女文青，怎么今天又叫了？我给你两个选择：一、你自己出去请她们走；二、我出去赶她们走。"

陈季常惧内，老婆大人发脾气，他便如同做错了事的小朋友，低着头接受训斥，然后叫仆人将女文青送走。好朋友苏东坡故意拿他调侃，写了一首诗送给他："龙丘居士亦可怜，谈空说有夜不眠。忽闻河东狮子吼，拄杖落手心茫然。"这首诗给中文世界贡献了一个成语：河东狮吼。

有一回，柳氏与丈夫怄气，生了病。另一位好朋友黄庭坚给陈季常写了一封信，问他：得悉嫂夫人有微恙，不知如今是否痊愈？陈兄晚年想过清静的日子，不再组织饭局，也不再请女文青喝酒了，嫂夫人还有什么好烦恼的呢？何以还生气生出病来？

一席话说得陈季常哭笑不得。不管怎么说，陈季常惧内的事迹早已在朋友间传开了。不但在朋友间传开，而且还被记入了历史，青史留名，传扬千古。后人一说起强悍的妻子，总是用"河东狮"来形容；一说到怕老婆的男人，也会称其为有"季常癖"。

第二个怕老婆的宋朝典故是"胭脂虎"，说的是：尉氏县知县陆慎言的妻子朱氏很强悍，陆慎言对她言听计从，连县里的政事都听老婆定夺，当地人便送了一个绰号给陆夫人朱氏，叫她"胭脂虎"。当地的百姓一说胭脂虎，指的就是他们的知县夫人。这个故事记于北宋陶穀的《清异录》中。

除了"河东狮吼"和"胭脂虎"这两个典故，还有一个不常听到的，叫作"补阙灯檠"。这个典故也来自宋朝，也是载于《清异录》。

"补阙灯檠"是候补灯架的意思，它跟男人惧内又有什么关系呢？原来，宋朝有一个男子汉大丈夫，名叫李大壮，这名字听起来又"大"又"壮"，很有英雄气概，但李大壮名不副实，经常英雄气短，因为他

北宋王诜《绣栊晓镜图》中的女性，台北"故宫博物院"藏

怕老婆，每当他惹老婆生气时，老婆总是对他喝道："坐下！"

每次李大壮都乖乖坐下，挺直腰板。李夫人照例在他头顶放上一只灯碗，点燃灯火，说："你要是将这灯弄灭了，就改为跪搓衣板。"李大壮只能"屏气定体，如枯木土偶"，一动都不敢动，担心头顶上的灯碗倾倒了。

大伙儿都戏谑地将他叫成"补阙灯檠"，"补阙灯檠"便成了怕老婆的专用词。

怕老婆的宋朝男人当然不止这几位。要说起来，真有不少家喻户晓的人物。我们熟悉的宋朝大文豪、唐宋八大家之一的欧阳修，也是一位"妻管严"。

　　有一次，欧阳修答应给宋朝的一位贤相王旦写墓志铭。王旦的儿子王仲仪非常感激，于是派人送去十副金酒盏、两把金酒壶，向欧阳修表达感谢。欧阳修推辞，不敢接受，说："这么贵重的礼物，愧不敢当。况且，我家也没有懂得摆弄这些金酒器的侍女。"谁知王仲仪一听，居然挑了两名侍女，一并送给欧阳修。欧阳修只好收下酒器，将侍女遣送回去，因为欧阳夫人管得严，不允许他亲近美女。

　　欧阳修是文豪，怕老婆还说得过去，那么权倾朝野的权臣总不至于怕老婆了吧？还真不是。宋真宗时，有一个权相，叫王钦若。这王钦若权倾朝野，很多人都怕他，但他却怕老婆。夫人说一，王相公不敢说二；夫人说西，王相公不敢说东；夫人说不可纳妾，王相公就一直未曾纳妾。

　　有一次，王钦若在后园修建了一间书房，取名"三畏堂"。"三畏"这个名字，出自《论语》中的一句话："君子有三畏：畏天命，畏大人，畏圣人之言。"应该说，"三畏堂"这名字取得很有学问。但王钦若的同僚、一个叫杨亿的翰林学士却对他说："王相公，你这堂名取得不好，应该叫'四畏堂'才对。"

　　王钦若不解地说："四畏？什么四畏？"

　　杨亿说："畏天命，畏大人，畏圣人之言，兼畏夫人。四畏也。"这是故意取笑王钦若怕老婆。

　　好吧，具有代表性的宋朝的文豪和权相都怕老婆，那科学家呢？宋代著名的科学家沈括，脖子上长着一颗11世纪最聪明的脑袋，天文地理、物理化学，无所不晓，但沈括也是出了名的惧内。他的第二任妻子姓张，在家中绝对是一个强势的存在，专治各种不服，经常殴打沈括，沈括只敢闪避，从不敢还手。好几次，他的胡子都被发威的妻子连皮带肉扯下来，血淋淋一片，子女看了，都吓坏了，哭着求母亲："娘，你饶了爹爹吧。"

　　而沈括呢？尽管经常被妻子虐待，但他对妻子的感情却是极深。后来张氏病逝，朋友都为沈括高兴，认为他终于解脱了，但沈括自己却一直精神恍惚，十分思念亡妻。一日，他乘船经过扬子江，竟然想投水自尽，幸亏被别人及时拉住。不过，没过多久，他还是郁郁而终，随他妻子而去。

其实我们可以列出一个长长的宋朝惧内男人的名单：除了前面我们说过的王钦若、欧阳修、陈季常，还有晏殊、秦桧、周必大、陆游……都是知名人物，都怕老婆。

在宋朝，男人怕老婆，恐怕不是个别现象，而是比较普遍的。为什么这么说呢？因为另一位名列唐宋八大家的宋朝人曾巩，曾经发过一段牢骚，大体的意思是：从前，女子都安分守己，相夫教子，三从四德；可是，近世以来——曾巩说的近世即宋代，风气好像变了，女孩子都热衷于打扮，佩戴名贵首饰，嫁了人，又骑在丈夫头上，作威作福。曾巩用八个字来吐槽这一社会现象——"使男事女，夫屈于妇"，男的要服侍女的，丈夫要屈服于妻子。曾巩很是看不惯这样的现象。

要我说，丈夫服侍服侍妻子，也不打紧嘛。我倒觉得，现在的很多好男人都怕老婆，"怕老婆"反而成了一个男人有教养的表现。不过也有一种说法，明朝有一个学者说："士大夫自中古（中古即唐宋）以后多

惧内者，盖名宦已成，虑中帱（中帱指妻子）有违言，损其誉望也。"意思是，士大夫珍视自己的声誉，之所以怕老婆，是因为不想落下家庭不和的坏名声，败坏自己的形象。这段话，也是可以拿来解释宋朝男人怕老婆现象的。

"使男事女，夫屈于妇"在宋朝成为一种现象，也从另一个侧面说明了宋朝女性的社会地位，其实并不是今人想象的那样低。

宋朝女性可以提出离婚吗？

你可能会认为，古代只有"休妻"，从未听说有"休夫"，一个古代女性是不可能向她的丈夫提离婚的。其实在宋代，女性提离婚是挺常见的事儿。

我给你讲一个记载在宋朝笔记小说里的故事。唐州有个富商，姓王，排行第八，人称"王八郎"——每次听到这个名字，我都会忍俊不禁。这个王八郎人品不好，在外面包了个娼妓出身的小女子，嫌弃结发妻子。

他的妻子是一位聪明的女子，发现了丈夫的不忠，并没有登时发作，而是悄悄将财产变卖，换成金银藏起来。某天，王八郎经商回家，发现家中值钱的东西竟然都不见了。

王八郎大怒说："我跟你今日必须离婚，绝不可能复合。"

他的妻子说："离就离，谁怕谁？"

于是，王八郎的妻子就拉着丈夫去见官，提出要离婚。你猜法官是怎么判的？同意两人离婚，财产平分。王八郎还想要求女儿的抚养权，他妻子对法官说："孩子她爸无状，包养娼妓，抛弃发妻，孩子若跟了他，必定会受苦、落难。"话说得有理有据，合情合理。最后，法官也同意将女儿的抚养权判给女方。

你看，这故事里的妻子，不但离了婚，拥有了更多家产，还获得了女儿的抚养权。不过，你不要以为宋朝女性闹离婚的事情只存在于虚构的笔记小说中，著名的宋朝女词人李清照，也闹过离婚。

　　李清照的茶艺堪称一绝，她与第一任丈夫赵明诚的幸福也是羡煞旁人。可惜好景不长，靖康年间，李清照44岁时，国家发生了一场大变故：金兵挥鞭南下，攻陷宋朝都城东京，宋室南迁，史称"靖康之变"。李清照与赵明诚也先后南下避难，一路颠沛流离，苦不堪言。未久，赵明诚病逝于建康府，也就是今天的南京，将整个世界的凄风苦雨都留给了李清照一个人。

　　李清照一个弱女子，又生逢乱世，国破家毁，孤苦无依，如何在这乱世活下去？只能改嫁。她的第二任丈夫叫张汝舟，是南宋审计部门的一名小官，进士出身。

　　李清照嫁张汝舟，是想找一个晚年的依靠。张汝舟娶李清照，却别有所图。要知道，李清照与第一任丈夫赵明诚都热爱收藏古董，毕生的积蓄都用于购买收藏品。当时的士人群体，也都知道赵明诚生前收藏了大量的宝贝。张汝舟看中的，就是赵明诚留给李清照的宝贝。

　　但婚后张汝舟才发现，在辗转南下的过程中，赵家收藏的珍贵古董，已丢失了大半。当张汝舟得知李清照其实并没有多少宝贝时，不由得大失所望，对李清照的态度也发生了180度的大逆转。

　　张汝舟可真是一个渣男，不仅贪图李清照的财产，图财不成，甚至还对妻子又骂又打。李清照看清了张汝舟的真面目，也明白这个人不可托付终身，剩余的藏品也不可落入这等小人之手。所以，李清照想到了离婚。

　　宋人离婚，一般有两个形式。一是夫妻协商离婚，这叫作"和离"。宋朝法律规定："夫妻不相安谐而和离者，不坐。"意思是说，夫妻若因性格不合、感情不和而协议离婚，政府不需要介入、干预。这种形式，显然更体面一些。

　　离婚的另一种形式是诉诸公堂，由官府判处离婚。李清照好歹也是有头有脸的才女，即便离婚也想安排得体面一些。为此，她甚至愿意跟张汝舟坐下来好好商量。这里我们先合理演绎一下李、张谈离婚的

故宫旧藏宋佚名《四美图》上的女性

情景——

　　李清照："汝舟，想必你已知道，我并不是你想要的人。"

　　张汝舟："你什么意思？直说吧。"

　　李清照："我们离婚吧。"

　　张汝舟："不离。我坚决不同意。"

　　李清照："唉，你为何一定要如此呢？"

　　张汝舟坚决不肯离婚，也不知他是何居心。眼见和离的路走不通，李清照就只能让官府来判决离婚。但中国古代毕竟是男权社会，如果丈夫坚决不同意离婚的话，官府也不会轻易批准女方的离婚诉求，除非女方能够拿出有说服力的理由。

　　宋朝的法律允许已婚女性在几种情况下，可以要求与丈夫离婚，而且即便丈夫不同意，官府也会依法判离。究竟是哪几种情况呢？

　　比如，丈夫外出三年不归，妻子有权利请求官府解除婚姻关系；

　　丈夫带着财产离家出走，导致妻子生活无法自给，妻子可单方面解除婚姻，自由改嫁；

　　丈夫犯罪，被判押赴外地服刑，

妻子不愿意跟随，可以提出离婚；

丈夫将妻子雇给他人为奴婢，或者强迫妻子为娼，妻子都可以不服从，提出离婚；

妻子如果被丈夫的同居亲属性侵，即使未遂，妻子也有权要求离婚。

我说的这些，都是宋朝妻子可以主动提出离婚并能得到法律支持的理由。那么，在丈夫张汝舟死活不愿意和离的情况下，李清照该怎么办呢？她用了一个很妙的办法——跑到衙门，向官府揭发了张汝舟掩盖多年的犯罪事实："民妇李清照，状告丈夫张汝舟伪造履历，骗取功名。"

原来，宋朝的科举考试有一项政策：屡考不中的举子，如果应考达到一定次数，可以得到朝廷的照顾，赐予进士出身。张汝舟考不中进士，又想捞到一官半职，只好在履历上造假，谎报应试次数，骗得进士功名。这个秘密外人不知情，但李清照这个枕边人是知道的。

结果，张汝舟被开除公职，押送到柳州服役。根据"丈夫在外地服刑，妻子可以提离婚"的法律规定，李清照终于如愿以偿地与张汝舟离了婚。我想，张汝舟被押解上路的那一刻，应该很想对李清照说一句："算你狠！"只可惜，李清照并不在现场。

妻子要求离婚而丈夫最后不得不同意的事例，在宋朝还是挺多的。这些妻子闹离婚的原因，也很多样，有因为丈夫得病闹离婚的，有嫌弃丈夫落魄、贫穷要求离婚的，还有因为丈夫长得丑而提出离婚的。

我再给你讲一个小故事。北宋末，有一个叫章元弼的读书人，是苏东坡的粉丝，超级铁粉那种，凡是苏东坡的文章，他都要找来拜读。他的妻子姓陈，长得非常漂亮，但小章爱苏东坡胜过爱妻子，常常读苏东坡的文章，彻夜不眠，冷落了妻子。妻子本来就对小章不大满意，因为小章长得丑，现在又受丈夫冷落，便提出离婚："章元弼，咱们离婚！你去跟苏东坡结婚吧。"章元弼当然不可能跟苏东坡结婚，却不得不同意与妻子离婚。

所以，宋朝时，女性主动提离婚，并不是个别事例。为什么这么说？因为我们不但可以找到很多宋朝女性闹离婚的例证，可以找到宋代法律对女性主诉离婚权的承认，而且，我还在史料中看到一个宋朝人的吐槽，他说：现在的妇女啊，太不像话了，简直将丈夫的家当成客栈，"偶然而合，忽尔而离"，想来就来，想走就走。

"偶然而合，忽尔而离"这八个字，是宋朝人的原话。显然，宋朝女性主动离婚的现象，已经引起了当时一些男士的强烈不满。但以今天的眼光来看，宋朝女性敢于"偶然而合，忽尔而离"，也是她们的社会地位并不那么低下的体现。

归根结底，哪个朝代的女性，都不应该成为男人的附属品。虽然宋朝社会仍然是重男轻女的传统社会，但一些宋朝女性在婚姻不幸的情况下可以主动提出离婚，并且得到法律的支持，不能不说这是一种进步。

宋朝女性有独立的财产权吗？

　　先提个问题，考考大家：在宋朝，有一个大户人家，生养了一大堆儿女，有一天，家里的老爷和夫人双双病逝，于是儿女们要分家产了。这个时候，你觉得这家的女儿能分到家产吗？

　　大家通常觉得，中国古代女性是没有法定财产权的。真的如此吗？我给大家讲三个真实的故事，大家就知道准确的答案了。

　　第一个小故事发生在北宋。

　　有一户士大夫家庭，是宋初名臣之后，家境富裕，但主人非常吝啬。他家里的财物，全部锁在仓库里，谁都不能用，仓库的钥匙他随身带着，睡觉时就放在枕头下。有一日，这个吝啬鬼生了一场大病，昏睡不醒，儿子趁机偷了他的钥匙，打开仓库，将父亲平日藏的财物一抢而光。老头子醒来，摸不着枕头下的钥匙，顿时被活活气死。而他的子孙也毫不伤心，只顾着将哄抢到的家产隐匿起来，却因为分产不均，几兄弟打起了官司。

　　大兄弟："法官明鉴啊，财产是我的。"

　　二兄弟："法官，他因为是哥哥就抢我财产，请法官做主啊。"

　　法官："嗯，待我细细审来。咦，谁在击鼓？"

　　公人："是庭下原告、被告几兄弟的妹妹。"

　　众兄弟惊讶地问道："妹妹？她来干什么？"

　　原来老头的女儿也手持状纸，跑到衙门，状告她的兄弟："父亲留下的遗产，也有我一份，那是我应得的嫁妆，哥哥和弟弟不能侵占。

请法官主持公道。"

这个故事是司马光说的："尝有士大夫，其先亦国朝名臣也，家甚富而尤吝啬，斗升之粟、尺寸之帛，必身自出纳，锁而封之。昼而佩钥于身，夜则置钥于枕下。病甚，困绝不知人，子孙窃其钥，开藏室，发箧箧，取其财。其人后苏，即扪枕下，求钥不得，愤怒遂卒。其子孙不哭，相与争匿其财，遂致斗讼。其处女蒙首执牒，自讦于府庭，以争嫁资，为乡党笑。"

司马光讲这个故事，是为了告诫家人：士大夫应该以书礼传家，不可让子孙"惟知有利，不知有义"。但我们从这个故事里却可以获得另外的信息：吝啬鬼的女儿敢跑到府衙，要求分财产，说明至少有一部分宋朝女性已经认识到，继承父产是自己应得的权利，不仅为法律所允许，也会得到法官的支持。要不然，她们跑去打官司干吗？

第二个小故事发生在南宋，是载于《名公书判清明集》的一个判例。

巴陵县有个姓石的小娘子，已有了婚约，但尚未成亲，未婚夫叫廖万英。石小娘子的父母早亡，也没给她留下什么遗产。她的叔叔很可怜这个侄女，快要出嫁了，也没什么像样的嫁妆，便送了她一块田产，作为陪嫁田。

石小娘子得到一份田产陪嫁，心里当然很高兴，便与她的亲哥哥石辉商量："哥，我马上就要成亲了，也没什么嫁妆，要不，你帮我将叔叔送我的那块田卖出去，换成现金，也好添置一些嫁妆。"

石辉说："妹妹，这事包在我身上，你放心。"

很快，石辉便找到了买家，以400贯钱的价格，将妹妹的陪嫁田卖了出去。400贯钱，折算成人民币的话，大约有20万元，在当时也不算少了。

面对这笔横财，石辉起了贪念。原来，石辉其实是一个好吃懒做的无赖，之前因为吃喝玩乐，欠下一屁股债，现在手里拿着400贯钱，岂能不动心？于是，他没有将400贯钱交给妹妹，而是据为己有，用来还债。

石小娘子拿哥哥没办法。她的未婚夫廖万英听到消息，很生气，跑上门来，要求未来的大舅子还钱："大哥，那400贯钱是阿石托你卖陪嫁田所得，你应该还给我们。"

石辉耍赖："这是我们石家的事，与你何干？"

廖万英说："阿石是我未婚妻，她的陪嫁田，自然要带到我家，怎么与我无关？"

但石辉坚持不还那400贯钱。廖万英只好将他告到了官府。各位且猜一猜：宋朝官员会怎么判决这起财产纠纷案？

法官的判决是："石辉，你作为兄长，父母不在，长兄为父，妹妹要出嫁，你本来有责任给妹妹准备嫁妆，但你非但没掏一毛钱，还将叔叔助嫁的田产霸占了，你丢不丢人？廖万英，你男子汉大丈夫，却盯着未婚妻那点嫁妆，羞不羞啊？现在闹上法庭，就算你得到了嫁妆，但亲戚之间的感情已难以修补，请反省你的做法！"

法官把两个男人一通臭骂，对诉讼双方都作了道义上的谴责，看似是各打五十大板。但在判决时，法官却支持了廖万英的诉求：廖万英有权要求石辉归还未婚妻的陪嫁田，石辉必须将田地赎回来，还给妹妹与妹夫。

听到这里，你们觉得不觉得这位法官的立场其实还挺明确的？他是完完全全地站在了女儿这边啊！这是因为，宋朝的法律明确赋予"在室女"从娘家继承财产的权利，所谓"在室女"，是指尚未嫁出去的女儿。

宋人说："已嫁承分无明条，未嫁均给有定法。"在分家析产时，获得一份财产，是宋朝未婚女性的法定权利。按照南宋时的法律，未婚女儿可以继承的财产份额，是她兄弟所继承财产的二分之一。

一般来说，尚未成亲的女儿，迟早要嫁人，出嫁的时候，她从娘家

南宋《耕织图》中的女性，中国国家博物馆藏

所分得的财产，通常也是作为嫁妆带到夫家。说到宋朝女性的嫁妆，我们不要以为那仅仅是几件、几十件金银首饰，几担可以挑着走的财物。宋朝人家嫁女儿，常见的嫁妆，除了金银珠宝，还有田产、房产等不动产。这些嫁妆，其实就是宋朝女孩子从娘家那里分得的财产。

这笔陪嫁的财产，会非常详细地罗列在女方送给男方的婚帖上。宋朝人定亲之后，男方女方要换婚帖，其中女方的婚帖会一丝不苟列出陪嫁的财产：现金多少贯钱，金银多少两，田产多少亩，房子多少间，等等。

为什么要将嫁妆列得一清二楚？是为了炫富吗？不是。是另有用处，这个用处我们马上就会说到。总而言之，宋朝流行厚嫁之风，女孩子的嫁妆是非常丰厚的。

女孩子出嫁后，她的嫁妆自然是带到夫家，名义上归小夫妻共同所有，之所以说是"名义上"，是因为实际上，嫁妆的保管与支配权是由妻子掌握的，丈夫如果擅自动用妻子的陪嫁财产，是会受到舆论非议的。人们会戳他脊背："这男人，真没出息，连妻子的嫁妆也拿去用。"

宋朝人习惯将妻子的陪嫁财产称为"奁产"。奁，指古代女子存放梳妆用品的箱子；奁产，就是女子私人财产的意思。若夫妻双方离婚，只要妻子未犯"七出"之条，可带走奁产。妇女改嫁时，若无子女，可将奁产带走；若携子改嫁，也允许女性带走奁产。

哪些财产属于妻子的奁产？当初她嫁过来时的婚帖上写得清清楚楚，即便是闹上衙门，这婚帖也可以证明财产的归属权。所以，我们不妨说，宋朝女孩子的婚帖，相当于婚前财产的证明文书。这下，你可以理解为什么宋朝人要在婚帖上一笔一笔注明嫁妆的明细了吧。

如果你不敢相信宋朝女子离婚或者改嫁能带走她的个人财产，那好，我再给你讲第三个故事，也是载于《名公书判清明集》的判例。

南宋时，有一个叫吴和中的士子，家道殷实，只是结发妻子早逝，给他留下一个七岁的儿子，叫吴汝求。后来，吴和中娶了一位年轻的继室，姓王。王氏经常鼓动丈夫用家中的余财购买田地、房产："官人，如今货币贬值，不如买成房子，好歹保值。"买了之后，又说服丈夫将房子、田地登记为她的奁产。就这样，吴和中把很多财产都变成了妻子的奁产。过了几年，吴和中年迈去世，王氏便带着她的奁产改嫁他人。

这时候，吴和中与结发妻子所生的儿子吴汝求已经长大成人，但他是一个败家子，不消几年，就将父亲留给他的遗产挥霍殆尽，房产都卖光了。这时候吴汝求想起父亲生前还买了一些田产、房产，但被继母带走了，便跑到衙门，状告继母侵夺吴家家产，要求继母归还财产。

法官的判决说："财产的归属嘛，要以契约文书为凭证，王氏带走的财产，既然文书上写明是奁产，那就是她的私人财产，不是吴家的家产，依法，王氏有权带着她的私产改嫁。"所以，吴汝求的诉讼请求被驳回。

不过，考虑到吴汝求如今连个栖身之所都没有，法官又对王氏说："请你以前夫为念，将吴和中生前购置的一处宅子，让给吴汝求居住，你仍然保留着所有权，这样，你们母子的情分得以兼顾，吴老先生泉下有知，也能瞑目。"

从上面三个小故事，我们可以知道，宋朝女性是享有一定的财产权的：未出嫁时，她可以从娘家那里得到一份奁产；出嫁时，她带着奁产进入夫家，但奁产的支配权掌握在她手里，如果将来她离婚或者改嫁，可以带走她的奁产。

婚前财产证明，就连现在的夫妻都不一定会去做，没想到，在遥远的宋朝，从达官贵人到普通百姓，都用"奁产"的方式给婚姻中的财产归属做了如此详细的归属划分。是不是觉得有点惊奇？

厨娘：宋朝的当红女厨师

以前看金庸先生的《射雕英雄传》，印象最深的是黄蓉做菜的功夫。她随随便便烧几个小菜，就把洪七公馋得直流口水，为了能吃到黄蓉做的菜，洪七公只好将"降龙十八掌"倾囊传给了黄蓉的心上人郭靖。

黄蓉是宋朝女孩子。宋朝女孩子真的这么擅长做菜吗？是的！宋朝有一群女厨师，人称"厨娘"，厨艺十分高超，烧出来的菜，色香味俱全，你要是有幸能吃到，保准会把自己的舌头都吞下去。

来，擦擦口水。我先给你讲一个关于宋朝厨娘的故事。故事出自南宋人廖莹中的笔记《江行杂录》。南宋后期，也就是武侠小说中黄蓉生活的时代，有一个告假回乡的太守，听说都城临安的厨娘厨艺一流，比黄蓉还要厉害，便托一位朋友，帮他在临安物色一名厨娘，只要手艺好，费用高一点也没关系。

很快，这位朋友便找到一位厨娘，是一名二十余岁的妙龄女子，长得很漂亮，举止落落大方，知书识礼，气质优雅。太守很满意。过了几天，太守准备请几位朋友来家里吃顿饭。厨娘主动请缨，说："这顿饭，我来试厨吧。"

太守说："明日不是大宴，不用太铺张，做几道家常小菜就可以了。"

厨娘说："晓得。我先给您拟一份菜谱。"

厨娘当下取来笔墨纸砚，写下菜谱及所用食材："羊头签"五份，

偃师酒流沟宋墓厨娘砖刻拓片

合用羊头十个；"葱虀"五碟，合用青葱五十斤。"葱虀"是什么？是
用葱切成细段，浇上酒和醋做成的蘸料。"羊头签"又是什么？可不是
今天我们吃的牙签羊肉，而是羊肉卷——用猪网油将羊头肉卷起来，热
油炸得焦黄，大笊篱捞出，便是极美味的"羊头签"。

　　但这厨娘做五份"羊头签"，所用食材却需合十个羊头。而作为配
菜的五碟"葱虀"，竟然需要青葱五十斤。这貌似也太不合常理了吧。
太守心中疑惑，但因厨娘初来乍到，不便点破，便让厨娘且去办理，
同时派人暗暗监视厨娘到底怎么做菜。

　　次日，厨娘从带来的箱子中取出全套厨具：锅碗瓢盆，一应俱全，
都是金银器做成，一看就知道很高档。厨娘挽起袖子，穿上围裙，开
始切羊肉，动作利索，一个羊头，只剔出两块脸肉留用，其他部位都
扔掉，帮厨的伙计看了觉得奇怪："这……是不是太浪费了？"

　　厨娘说："按我们厨娘的标准，一个羊头就只有两块脸肉可做'羊

头签'。其他部位的肉，只有味蕾未开发过的人才吃的。"

帮厨听了瞠目结舌："这……原来如此。"

剔好羊头肉，厨娘又动手切葱——所有的葱都剥掉须叶，只挑里面嫩黄嫩黄的一段切碎，用酒与醋浸上，作为蘸料上席。怪不得要用掉五十斤葱。

至于其他的菜式，自然也做得十分精美。晚宴上，太守宴请的客人吃得直咂舌头。

客人纷纷说道："这厨娘到底是从哪儿聘请的啊？做的菜这么美味。"

太守也觉得倍儿有面子："这位厨娘是我特意从都城请来的。手艺还好吧？"

客人说："真好真好……"

撤席之后，厨娘出来拜谢太守："今日试厨，宾客吃得满意，请太守赏钱。这是厨娘界的例规。"

那么，按照例规，备一次宴席要赏厨娘多少钱呢？通常是二三百贯，相当于当时宋人工薪阶层差不多一年的收入，折算成人民币的话，少说也是几万元。数目还真不少！太守不愿意被人小瞧，只好破费赏了厨娘一大笔钱。

那么大的开销，过了两个月，太守实在吃不消了，就狠心将厨娘辞退了。私下里，还忍不住和朋友吐槽："这么昂贵的厨娘，若非大富大贵之家，哪里用得起？"友人说："是啊是啊，那么贵，谁家用得起啊……"

你看，宋朝一名顶级厨娘，是多么吃香。故事里的太守之所以用不起顶级厨娘，是因为他还不够有钱。在宋朝，家中聘请厨娘，是成功人士的标志，能吃到厨娘做的菜，也是有口福的体现。我们看宋朝留下来的各种《备宴图》就会发现，那些给富贵人家备宴的厨师，基本上都是厨娘。

因为厨娘极受欢迎，所以宋朝人家非常重视培养女儿的厨艺。这种风气是从唐朝传下来的。当时的岭南人家，不管贫富，若是生了女儿，都很注意培养她做菜的手艺。女儿长大后，做针线活都不怎么样，但烧菜的功夫可不一般，所以上门请求婚聘的媒人非常多，将门槛都踏平了。女孩子的父母也很得意，常常向人夸口："我家姑娘，要说针线活，那可不会；但是，若论烧菜，烹制水蛇黄鳝，烧一条必胜一条。"广东人喜欢吃，广东盛产美食与吃货，那是有历史的。

我在读《射雕英雄传》时，心里一直有个疑惑：黄蓉这么好的厨艺，到底是跟谁学的？她父亲黄老邪固然琴棋书画、医卜星相，无所不精，刀工厨艺想来也是一流。但是，"富养女儿，教诗书很正常，但教厨艺却不大可能"——这么说的朋友，可能不了解宋朝的社会风气，其实宋朝人是很注意培养女儿厨艺的。

除了厨艺，其他手艺当然也会培养。宋朝京城一带，有"重女轻男"的风气。我们先听听宋朝人是怎么说的："京都中下之户，不重生男，每生女则爱护如捧璧擎珠，甫长成，则随其姿质教以艺业。"这是宋朝人的原话，意思是说：京城的中下层市民，如果生了男孩，不怎么重视，也不会尽力培养；但是，如果生了女儿，则视为掌上明珠，非常爱护，等女儿稍大，便根据女儿的资质，请名师教她们各种才艺，比如茶艺、厨艺、琴棋书画……

为什么宋朝人家会这么重视对女儿才艺的培养？因为女儿有了一技之长，长大后就有机会被富贵人家聘请为"针线人""杂剧人""厨娘"等。针线人，相当于私人高级定制服装设计师；杂剧人，相当于女艺人；厨娘，就是我们介绍过的女厨师。

在宋朝，最优秀的高级定制服装设计师，是女性针线人；最优秀的厨师，也是厨娘。

古代社会普遍重男轻女，男女不平等，这一点我们得承认。不过，在某些时期、某些地方，又有"重女轻男"的现象。大伙儿应该读过唐朝诗人白居易的《长恨歌》，写的是唐明皇与杨贵妃的爱情故事。我记得诗中有几句是这么说的："杨家有女初长成，养在深闺人未识。天生丽质难自弃，一朝选在君王侧。……姊妹弟兄皆列土，可怜光彩生门户。遂令天下父母心，不重生男重生女。"

杨家女儿杨玉环，天生丽质，被选入宫，成了贵妃，集三千宠爱于一身，家中的兄弟姐妹也随之飞黄腾达，让天下人都很羡慕，许多人家都不想生男孩，而是企盼生个像杨玉环那样的女儿，有朝一日让皇帝看上了，选进皇宫，也好让家族沾沾光。这就是唐朝社会出现"重女轻男"的原因。说实在话，这样的"重女轻男"，让我觉得很不是滋味。

相比之下，宋朝的情况就有些不一样了。文天祥写过一首诗，描述宋朝"重女轻男"的社会风气："京人薄生男，生女即不贫。东家从王侯，西家事公卿。"唐人重生女，是希望女儿入宫受宠于皇上；宋人重生女，则反映了在一部分经济发达的地区，女性获得了令人羡慕的就业机会。宋朝人是在经济利益的驱动下，产生了重女轻男的观念，我觉得这是社会进步的表现。

宋朝女性穿着很保守吗？

许多朋友都会认为，唐朝充满热情奔放、自由开放的气息，依据之一也是因为看到唐朝仕女画上的女性形象：身材丰满，服装开放，"事业线"毕露。如果社会风气不是很宽容，怎么能容忍女性穿成这个样子？

但是，人们对宋朝女性的服装风格，却是误会重重。他们习惯于认为，宋朝受程朱理学的影响，女性的服饰风格开始变得非常拘谨。我看到有网友这么说："宋朝服饰保守，穿着也较麻烦，层层叠叠，像包粽子似的把美丽的女人包裹起来。也许是宋朝人的思想太狭隘，生怕自己的老婆被别的居心不良的男人偷瞧了去，所以一改唐朝大胆、前卫的作风，用服饰将女人包裹了起来。"

事实真是如此吗？

我读过一部分考据宋人生活的文章，其中有一篇是孟晖老师写的。孟老师说：宋代女性的穿衣，全都在学晚唐，里头是抹胸，然后配一件对襟的长衣。中国古代的丝绸业特别发达，到夏天的时候，大家就穿轻纱和罗衫，臂膀可以透出来，蛮性感的。

在宋朝女性如何着装的问题上，我相信专业人士的考证，不敢恭维普通网友的想象。我也希望剧组拍古装戏时，在服装、道具上更考究一些，邀请专家把把关。

我还读过李清照的一首《点绛唇》小词："蹴罢秋千，起来慵整纤纤手。露浓花瘦，薄汗轻衣透。　　见客入来，袜刬金钗溜。和羞走，倚门回首，却把青梅嗅。"小词描绘的那名见客害羞的小姐姐，身上穿的轻衫很薄，出一点微汗，便湿透了，露出雪白的肌肤来。宋朝丝织业发达，女性的衣衫多用丝罗制成，薄如蝉翼，半透明，双肩、双臂隐约可见。

李清照还有一首《一剪梅》小词写道："轻解罗裳，独上兰舟。"词中的罗裳，即薄薄的罗衫。宋朝女子可以穿着薄薄的罗衫出游，如果觉得热了，还可以解下来，哪里是网友想象的那样，"包粽子似的把美丽的女人包裹起来"？

倘若我们有机会询问李清照："李娘子，平日你穿什么衣裳？"李清照会告诉你："罗衫，褙子，抹胸，裙，裤。"

罗衫我们刚刚说过，那么褙子又是什么？请注意，这"褙子"可不是我们睡觉时盖的被子，而是"衣服"的"衣"字旁加一个"背后"的"背"字，是一种上衣，直领对襟，两腋之下开衩，衣裾短者及腰，长者过膝。上海博物馆收藏的一幅宋画《歌乐图卷》，画中女艺人穿的就是红色的褙子。

褙子是宋朝最流行的上衣款式，如果我们有机会到宋朝的城市走一走，就会看

南宋佚名《歌乐图卷》局部，上海博物馆藏

到，满大街的女性都穿着褙子，不管是贵妇，还是市井平民，不管是大家闺秀，还是小家碧玉，都喜欢穿褙子。而在宋朝之前，褙子尚未成为时尚。南宋哲学家朱熹曾与他的朋友讨论过服饰的流变问题。

朱熹："前代女性，没有穿褙子的。"

朋友："女性不穿褙子，那穿什么上衣？"

朱熹："大衣。"

世上本无路，走的人多了，就有了路。同样道理，前代本无褙子，穿的人多了，便有了褙子时尚。后来朱熹制定女性的礼服，便将褙子列为正式礼服之一。

宋朝之后，褙子也不怎么流行。所以，假如我们能够穿越历史，看到一群身穿褙子的古代女性走过来，基本上可以认定，她们是宋朝娘子。

我们再仔细瞧瞧，还会发现，这群宋朝娘子上身穿着褙子，褙子里面，是一件抹胸，褙子的前襟并不系扣，微微敞开，抹胸显露出来，有一种迷人的小性感。

抹胸是女性的内衣。贴身一件抹胸，外套一件褙子，褙子不系扣，让内衣成为外衣的一部分，在宋朝，这是很常见的女性上衣搭配方式，宋人称为"不制衿"。换成现在的时装用词，叫作"内衣外穿"，是今天的时尚潮流。

　　但你可能有点想不到，"内衣外穿"也是宋朝女性的时尚。你若不信，可以去读宋词，你会读到不少描写女性内衣外穿的句子，比如有一位叫毛滂的北宋词人，听女艺人弹唱琵琶曲，写了一首《蝶恋花》："闻说君家传窈窕。秀色天真，更夺丹青妙。细意端相都总好，春愁春媚生颦笑。　　琼玉胸前金凤小。那得殷勤，细托琵琶道。十二峰云遮醉倒，华灯翠帐花相照。"

　　那一句"琼玉胸前金凤小"，说的就是女艺人穿的抹胸绣着小小的金凤图案。诗人为什么知道女艺人穿了一件绣有金凤图饰的内衣？因为按宋朝社会的时尚，女子内衣是可以露出来的。

　　宋朝女性的抹胸，通常都绣有花卉、鸳鸯等装饰图案，北宋大理学家程颐的伯祖母有一件"珠子装抹胸，卖得十三千"，用珍珠作装饰品，价值十三贯钱，相当于今天六七千元。内衣这么讲求美观，自然是因为内衣可以外穿。漂亮的内衣穿出来，在众人眼里才显得大方得体。

　　南宋初，有一个叫曹中甫的"服装设计师"，缝制的抹胸非常精美。有一次，他做了一件抹胸，抹胸的图案是一幅刺绣的山水画：用彩丝绣出朦胧的月色、青绿的锦树、淡淡的远山，山峰云雾缭绕。曹中甫将这件抹胸送给友人陈克。我们模拟一段曹中甫与陈克的对话——

　　曹中甫："陈克兄，这件抹胸还算精致，送给嫂夫人。"

　　陈克："那我替拙荆谢谢曹郎啦。"

　　曹中甫："不必客气，宝剑赠英雄，红粉赠佳人。"

　　对话虽是虚拟的，故事却是真实的。陈克收下抹胸后，还写了一首诗回赠曹中甫，诗的题目大大方方叫《谢曹中甫惠著色山水抹胸》。在这首诗的前部分，陈克赞美了曹中甫的手艺："曹郎富天巧，发思绮纨间。"后部分则替妻子感谢曹中甫赠送礼物："我家老孟光，刻画非妖娴。绣凤褐颠倒，锦鲸弃榛菅。"孟光是"举案齐眉"典故中的女主角，诗人借用来指代妻子。诗的意思是说，我家那位娘子，穿上这么漂亮的抹胸，有点自惭形秽啊。

　　说实话，在读这首诗之前，我真不敢相信，一个宋朝男性，居然可以将一件抹胸作为礼物送给朋友的妻子。宋朝人的观念，看来比我们还要豁达呢。

　　罗衫、褙子、抹胸，是宋朝女性常用的上衣。那么下衣呢？自然是罗裙与裤子。一般来说，市井女性、农村女子习惯穿裤子，而大家闺秀则习惯在裤子外面加一件裙子，因为裙子更能体现女性美。

　　不过，穿裙子也有不方便的时候，比如乘马出行，你穿着裙子怎么骑？为了解决这个问题，宋朝人发明了两种比较特殊的裙子，一种叫"旋裙"，前后开衩，便于乘马、骑驴；一种叫"赶上裙"，又叫"上马裙"，顾名思义，这也是一种可以穿着上马的裙子。

　　假如我们在宋朝京城旅行，看到东京大街上有一位年轻的女子，穿着旋裙，一件褙子微微敞开，露出贴身的绣花抹胸，骑着一头小毛驴，从你身边经过。请相信，这的确是宋朝常见的女性形象，并不是从现代穿越回去的。

　　一个社会如果很保守、封闭、苛严，女性的服装也必定是保守的、呆板的、拘束的。我们去看清代的仕女画，就会发现，清朝画师笔下的女性形象，几乎都是瓜子脸，削肩，体态纤细，头部与身体的比例失调，服装多为冷色调的青色、蓝色，整个形象看起来弱不禁风。

　　我们知道，在戏剧中，服装是具有象征意义的，比如京剧的"青衣"、潮剧的"乌衫旦"，通常都是带有悲剧色彩的正经女性，而风骚娇艳的女性角色，则着装艳丽，称为"衫裙旦"。清代仕女画表现出来的审美倾向，反映了明清时期女性受礼教束缚加深的迹象。女孩子的服装，有时候真的可以作为评判社会开放度与宽容性的指标。

第四辑　饮食的风味

宋代可谓是吃货的黄金时代，煎、烤、炸、炒、煮、蒸等烹饪手法在宋朝已经成熟，同一种食材，可炒可煎，可蒸可煮，可油炸，可腌渍，可生吃。宋朝城市到处都是食店饭馆，一般的大排档都可以提供多种多样的菜品，高档一点儿的饭店，更是以丰盛的菜肴吸引食客，「不许一味有缺」，任顾客挑选。

茶坊里的暖心事

宋代还没有咖啡，不过，城市满大街都是茶坊，就如今天的咖啡馆。你如果想找一个地方与朋友叙叙旧，就可以到茶坊。

宋神宗时，有一个姓李的读书人，是福建邵武县（今福建邵武市）人，寓居京城。一天，李生在市肆碰到一位多年未见面的故交，觉得非常高兴。久旱逢甘雨，他乡遇故知，都是人生喜事。

李生："兄弟，别来无恙！"

友人："真想不到能在京城遇到李兄。"

李生："人生何处不相逢。来，咱们找个地方叙叙旧。"

当下，李生就拉着朋友，进了樊楼旁边的一家小茶坊。这家茶坊虽小，却甚洁净，桌椅、器皿都很讲究。这样的茶坊，在北宋的东京城，或者南宋的临安城，非常多，以至于宋朝人要用"处处各有茶坊"六个字来形容。

南宋有几部介绍临安市井风情的笔记，如《武林旧事》《梦粱录》，推荐对宋文化感兴趣的朋友读一读，里面记录了宋朝临安城最知名的几个茶坊：保佑坊北的朱骷髅茶坊，张卖面店隔壁的黄尖嘴蹴球茶坊，中瓦内的王妈妈家茶肆，又名一窟鬼茶坊。此外，又有清乐茶坊、八仙茶坊、珠子茶坊……

光听这些茶坊的名字，什么"朱骷髅茶坊""一窟鬼茶坊"，就觉得有点儿意思，很想进去喝一盏茶，体验体验。

不过，我们需要注意的是，宋朝茶坊虽多，但也不能乱入，因为这

宋张择端《清明上河图》中的一处茶坊

些茶坊又分为不同的档次、类型，有一些"花茶坊"是浪荡子弟寻欢
作乐的地方，良家子弟可不该进去。

如果你穿越到宋代，向一位宋朝小娘子请教一些关于茶坊的问题，
我想应该会有这样的对话——

你："小娘子，宋朝茶坊究竟有哪些类型？"

宋朝小娘子："有大众茶坊，茶水便宜，是家政服务中介聚会的地
方。你家要是想雇请保姆，可以到这类茶坊找中介。"

你："宋朝茶坊还有这功能？不错不错。"

宋朝小娘子："又有文艺茶坊，是富室子弟、男女文艺青年学习乐
器、歌曲，开展艺术沙龙的场所。"

你："我觉得李清照会经常光顾这类茶坊。"

宋朝小娘子："李清照是女子，她也可以去仕女茶坊喝茶，那是专
门接待女宾的茶坊。"

你："仕女茶坊？真的吗？"

宋朝小娘子："是的，北宋东京城旧曹门街，有一个北山子茶坊，内有仙洞、仙桥，逛夜市的仕女经常在那里吃茶。"

你："还有什么茶坊？"

宋朝小娘子："还有一种比较清雅的茶坊，是士大夫会友的地方。南宋临安的一窟鬼茶坊、大街车儿茶肆、蒋检阅茶肆，都是很清雅的茶坊。"

你："花茶坊又是什么茶坊？"

宋朝小娘子："花茶坊的楼上有娼妓，非君子驻足之地也。"

不管是什么茶坊，只要上点儿档次的，都很注意门店的装饰，店内陈列花架，摆放着奇松异桧等盆景，又"插四时花，挂名人画"。我们现在只能在博物馆看到传世的名家书画，但在宋朝，你到茶坊喝碗茶，就可能欣赏到名人的书画作品。

不过，宋朝艺术界的大腕，对茶坊里张挂的名家书画却有点瞧不上眼，比如北宋大艺术家米芾就说过：今人画亦不足深论，如崔白之流，皆能污壁。其实崔白是宋代艺术圈的红人，他的画，现在是博物馆的镇馆之宝。

今天，我们到咖啡馆喝一杯咖啡，有很多款咖啡供你选择，什么拿铁、摩卡、玛奇朵、卡布奇诺，对不对？宋朝茶坊的茶，相较而言也毫不逊色，也有很多品类，什么葱茶、姜茶、徽子茶、七宝擂茶、盐豉汤，总有一款适合你。

高档的茶坊还有歌伎"靓妆迎门，争妍卖笑，朝歌暮弦，摇荡心目"。宋朝的歌伎，就是表演音乐节目的女艺人。这类茶馆消费水平很高，你一进门坐下来，便有漂亮的女服务员"提瓶献茗"，你接过茶来喝，是要给小费的，从十几文钱到几十文钱不等。这种高端茶坊卖的，其实并不是茶汤，而是格调，是生活方式，是身份识别的标准。

在宋朝茶坊里，不但可以喝茶，还能欣赏到各种文娱节目，比如南宋临安的"黄尖嘴蹴球茶坊"，以蹴鞠表演赛闻名；嘉会门外一家茶肆，有驻店艺人讲史、说书、演唱乐曲——今天的酒吧，不是也有驻店歌手吗？

其实，我对宋朝茶坊印象最深刻的一点，并不是它的店名很酷炫、装饰很清雅、娱乐节目很精彩，而是茶坊主人的诚信经营。

让我给你讲一个发生在宋朝茶坊的暖心故事吧。故事载于宋人王明清的笔记《摭青杂说》中，题目叫《茶肆高风》。

前面我们说过，宋神宗时，有一个寓居京城的福建读书人李生，在市井中遇到了一位故交，两人便找了一家茶坊，坐下来喝喝茶、叙叙旧。当时李生怀里带了一包金子，里面有几十两黄金，是回家的盘缠。喝茶聊天时，由于是暮春时节，天气暖和起来，李生觉得有点热，便将外衣脱下来，装着金子的包袱也搁在桌子上。

在茶坊里聊了大半天，李生谈得兴起，便提议友人再到樊楼喝上几杯。樊楼是东京城最繁华的大酒楼，是招待客人的好地方，正好在这家小茶坊的隔壁。但两人走得急了，竟然忘记带走包袱。

他们在樊楼喝酒，喝到下半夜，樊楼即将打烊了，李生这才猛然想起：日间在茶坊喝茶，落下了一包金子。但此时已是深夜，李生心里想，茶坊里人来人往，金子想必早就被别人拿走了，寻不回来了。所以，便没有到茶坊询问。

过了几年，李生重游东京，又跟友人到那家茶坊喝茶，想起往事，忍不住向友人感叹："我往年在此，曾丢失一包金子，自谓狼狈冻馁，不能回家，想不到今天还能旧地重游。"

这话刚好被茶坊的主人听到了，他就走过来行礼询问："官人说什么事？"

李生说："三四年前，我曾在贵肆吃茶，遗下一包金子，当时因被朋友拉去樊楼喝酒，不曾拜禀。"

茶坊主人说："您遗下的包袱，我当时也发现了，也叫人将包袱送还您，只是您走得急，人潮中不可辨认，只好将包袱暂且保管下来，只道您次日必会来取，不想一晃三四年过去了。您的包袱我从未打开，觉得很沉重，想来应该是黄白之物。你且说说里面金子的块数与重量，如果相符，我取来还您。"

茶坊主人当下取了一架梯子，登上一间小棚楼，李生也随着他到楼上，只见棚楼里堆了很多客人遗失的物品，每件物品都贴了标签，注明"某年某月某日，某色人所遗下"。楼角有一个小包袱，没有拆开，正是李生当年遗失的东西，上面也贴了标签："某年月日，一官人所遗下。"

下了棚楼，茶坊主人向李生询问包袱内的金子块数与重量，李生说，里面有金子若干块、若干两，茶坊主人打开包袱相验，果然一一吻合，便将金子全部还给了李生。

李生说："太感谢您了。要不，这里面的金子，我分一半给您作为酬谢？"

茶坊主人："不可不可，我若见利忘义，匿而不告，官人又能如何？我这么做，是常恐有愧于心也。"

你看，这么温暖的茶坊，我也想约上三五知己一起去坐坐，喝一碗热热的茶汤，又暖胃，又暖心。

夜深灯火上樊楼

如果盯着北宋张择端的《清明上河图》看一会儿，你会发现酒楼、酒肆非常多，从城外的汴河两岸，到城内的繁华大街，酒店林立。

在北宋的东京城，豪华大酒店有七十二家，小酒店不计其数，其中最负盛名的大酒店，叫作樊楼，又叫丰乐楼；在南宋的临安府，上规模的酒楼也有上百家，所以一首宋诗写道"青楼酒旗三百家"，其中最负盛名的，有太和楼、丰乐楼。

樊楼很高，站在樊楼西楼上，可以俯视皇宫。宋徽宗建成艮岳后，令翰林学士王安中登樊楼赋诗，留下一首《登丰乐楼》："日边高拥瑞云深，万井喧阗正下临。金碧楼台虽禁御，烟霞岩洞却山林。巍然适构千龄运，仰止常倾四海心。此地去天真尺五，九霄歧路不容寻。"夸张地形容樊楼离天只有尺五的距离。

樊楼很大，宋朝人说樊楼"乃京师酒肆之甲，饮徒常千余人"。竟然能够接待一千多人，这等规模，放在今日，也称得上庞大了。一位不知名的南宋诗人在太和楼的墙壁题了一首诗："太和酒楼三百间，大槽昼夜声潺潺。千夫承槽万夫瓮，有酒如海糟如山。……皇都春色满钱塘，苏小当垆酒倍香。席分珠履三千客，后列金钗十二行。"直译过来就是说：太和楼有三百个包厢，每日可接待 VIP（贵宾）客人三千名（这当然是概数），酒楼雇佣了很多漂亮的歌伎待客，当垆卖酒的大堂经理就是一位"酒不醉人人自醉"的美艳歌伎。能让诗人作出这样的描述，太和楼的规模想必是非常大的。

如果我们到宋朝的东京或者临安旅游，一定要登上樊楼或者太和楼，感受一番大宋都市的繁华。如果我们运气好，说不定还能在樊楼免费吃上一顿美酒。有这样的好事吗？有。

我给大家讲一个南宋笔记《齐东野语》记载的有趣故事。

北宋时，有一天，樊楼来了一个风度翩翩的客人，叫作沈偕，是湖州的富二代，家里非常富有。他来京师游太学，听说东京的头牌歌伎蔡奴国色天香，名满京城，便买了一大把珍珠，撒在蔡奴家的屋顶上，蔡奴在门帘后看见沈偕出手这么阔绰，大吃一惊。

宋张择端《清明上河图》中的酒楼

几天后，沈偕登门拜访，婢女赶紧跑入内宅，报告蔡奴："娘子，前日撒珠郎来了。"蔡奴"接之甚至，自是常往来"。一日，两人同去樊楼。

沈偕："久闻姐姐大名，特来拜会。今日请姐姐上樊楼吃酒。"

蔡奴："小官人有此雅兴，奴婢自当作陪。"

沈偕便带着蔡奴，登上樊楼饮酒。沈公子很高兴，对樊楼里在座的客人说："大家尽欢，今晚我请客。"欢饮到深夜，沈偕果然替樊楼里的所有客人都买了单。

像沈公子这么炫富的，现今也少有。这种土豪请客的美事，当晚在樊楼碰上的人肯定特别高兴。不过即便不能碰上这等好事，在宋朝酒楼喝酒，也绝对是一种享受，因为宋朝酒楼的服务非常周到。

我再给大家讲一个宋话本小说记述的故事，见证一下什么叫作宋朝式的服务。

南宋时，成都有一个读书人，叫作俞良，到临安府赴考，不想名落孙山，身上带的盘缠也花得差不多了，连客店的住宿费都拿不出来。客店老板见他可怜，送了他两贯钱，让他赶紧回家。但两贯钱回不了成都，俞良便破罐子破摔，心想：与其流落街头，不如先吃顿好的，然后跳下西湖，且做个饱死鬼。

西湖边有一家丰乐楼，是南宋人怀念东京的樊楼而建造的酒楼，所以才取名"丰乐楼"。俞良走上前去，只听得酒楼里"笙簧缔绕，鼓乐喧天"。大门口站着两个伙计，拱手向俞良行礼："客官请进。"

俞良见请，欣然而入，直走到楼上，拣了一个临湖的包厢坐下。只见一个酒保过来，向他唱个喏："客官，不知要打多少酒？"

俞良撒了个谎："咳咳，我约一个朋友来喝酒。你可将两双筷子放在桌上，铺下两只酒盏，等一等再来问。"

酒保将酒缸、酒提、匙、箸、盏、碟，一一放在他面前，尽是银器。宋朝的豪华酒楼，所用酒器都是金银器，不用瓷器，以显客人的尊贵。俞良见着一桌银器，心里想："好一个富贵去处，我却落得这般遭遇，只有两贯钱在身，做什么用？"

过了一会儿，酒保又来问："客官要多少酒？我给您打来。"

俞良："我那个朋友，眼见不来了，你与我打两角酒来。"

酒保："客官要点什么下酒？"

俞良："随便上一点儿就行。"

酒保便给他送来了新鲜果品、可口肴馔、海鲜，铺排面前，般般都有。又用一个银酒缸盛了两角酒，放一把杓儿。将酒烫热，请俞良慢用。

俞良独自一人，从晌午前直吃到晚上，酒足饭饱，推开包厢的窗户，要跳湖自尽。但一看深深的湖水，又失去了勇气，便解下腰带，准备上吊，却被酒保撞见，赶紧抱住他。

俞良又哭又闹，寻死觅活，吓得酒家也不敢收他的酒钱，还叫了两个人，架着他送回了客店。

我第一次读到这个故事，颇有感触，觉得这家酒楼不但服务热情周到，而且富有人情味。

因为酒楼的服务周到，环境优美，所用的酒器也非常精美、高贵，让你用起来倍儿有面子，所以宋朝人都喜欢在酒楼宴请客人。宋真宗时，东宫太子的老师鲁宗道经常跑到仁和楼喝酒，按宋朝制度，太子的老师是不准许出入酒楼的，宋真宗问他："何故私入酒家？"

鲁宗道实话实说："臣家贫，无器皿，酒肆百物俱备，宾至如归。刚好老家有亲人来访，家里招待不周，便请他到仁和楼喝酒。"

客人在酒楼里流连忘返，酒楼的生意自然也非常红火，几乎24小时都有客人光顾，用宋朝人自己的话来形容，"不以风雨寒暑，白昼通夜，骈阗如此"。哪怕是寒冬季节，抑或是三更半夜，宋朝酒楼仍然是灯火通明，人声鼎沸。

南宋初，东京沦落金兵之手，迅速衰败，一位宋朝诗人写了一首诗，深切怀念东京酒楼夜间的繁华："梁园歌舞足风流，美酒如刀解断愁。忆得少年多乐事，夜深灯火上樊楼。"这也是我最喜欢的一首宋诗。

宋朝酒楼夜间的热闹与喧哗，甚至将附近的皇宫也衬托得冷冷清清。一日深夜，宋仁宗在宫中，听见宫外传来一阵阵丝竹歌笑之声，便问宫女："这是何处作乐？"

宫女说："回官家，这是民间酒楼作乐。"说完，这名宫女又幽幽发了一句牢骚："官家且听，外间如此快活，都不似我宫中如此冷冷落落也。"

宋仁宗说："你知道吗？正因为我们能忍受如此冷落，外间的百姓才能如此快活。我若像他们一样享受快活，民间便冷落了。"

面对民间市井的喧闹，宋仁宗自觉地克制了自己也要纵情享受紫陌红尘的欲望，甘受寂寞，因为他明白：权力保持克制，民间才能保持繁华。

这是非常了不起的认识。所以，我很喜欢宋朝的仁宗皇帝。你们觉得呢？

大宋名酒知多少

宋仁宗时，有一个具魏晋名士风范的士人，叫作石曼卿，他平生最大的爱好就是喝酒；第二大的爱好，还是喝酒。他有一个好朋友，叫作刘潜，也是好酒之人。他们曾相约在京城的王氏酒楼对饮，终日不交一言，只顾埋头喝酒，从早上喝到黄昏，两人都面不改色，相揖而去。次日，京城到处都在传王氏酒楼来了两名酒仙斗酒，其实就是石曼卿与刘潜。

后来石曼卿到海州当通判，相当于是海州的副市长，刘潜前往拜访。酒友见酒友，怎能不喝酒？

石曼卿："刘兄，咱们一醉方休。"

刘潜："石兄，如何个喝法？"

石曼卿："海上月色正好，我请你到船上喝。"

于是石曼卿带了几大瓮美酒，与刘潜登上一条小船，驾船出海，在小船中喝酒，直喝得天昏地暗，从白天喝到黑夜。酒快要喝光了，两人的酒兴还未尽。

刘潜问："石兄，船上还有酒吗？"

石曼卿："没酒了，只有几坛醋。"

刘潜："那就将醋倒入剩酒中吧。"

两个酒徒继续喝酒，喝掺了醋的酒，直喝到第二天早上，酒和醋都喝光了，才驾船回去。放到现在，也算是酒驾了吧？

在宋朝，像石曼卿、刘潜这样的好酒之人是非常多的，因为宋朝是

宋张择端《清明上河图》中的
商品酒批发

一个全民饮酒的时代，不管男女老少，都喜欢喝点小酒。不过，我要提醒你，宋朝人喝的酒，都是温和的黄酒，并不是高度的白酒，所以即便是酒量很浅的人，也可以喝一杯。

大诗人苏东坡很喜欢喝酒，且听听他自己是怎么说的："闲居未尝一日无客，客至未尝不置酒。天下之好饮，亦无在予上者。"意思是说，我平日闲居，几乎每天都有朋友、客人来访，每当有客人来，我都会以美酒招待。这天底下的人，大概没有比我更好酒的。

苏东坡又说："予饮酒终日，不过五合。天下之不能饮，无在予下者。"意思是说，我喝酒，一天喝下来，也不过是5合，这天底下的酒徒，没有比我更不会喝酒的了。宋朝的5合酒，相当于今天的500毫升左右，要知道，那是低度、温软的黄酒，一整天的总量才500毫升，这酒量的确不怎样。

苏东坡年轻时，酒量更差，一看到酒杯，就先醉了，用他自己的话来说，"吾少年望见酒盏而醉"。中年之后，酒量才好一点点，自称能饮三蕉叶。蕉叶，即蕉叶盏，是最浅的酒杯，一满杯也不过一两左右。苏大学士自称一次能喝三小杯黄酒，这个酒量和我倒是差不多。

但苏东坡这个能饮三蕉叶的自述，很可能是吹牛，因为他的朋友黄庭坚曾揭穿他："东坡自称能喝三蕉叶，这其实是醉话，不能相信。我与他喝过酒，见他喝不到一杯，就醉倒了，睡着了。哈哈。"苏东坡自我辩解说："予虽饮酒不多，然而日欲把盏为乐。"意思是说，我虽然酒量不大，但我喜欢喝啊。

许多人喝醉后会耍酒疯，借酒发泄。苏东坡呢，喝醉了，要么乖乖睡觉，要么乘着酒兴写诗填词，我们应该都会背诵的《念奴娇·赤壁怀古》《水调歌头·明月几时有》，便是苏东坡酒后写出来的。看来苏东坡酒品是很好的了。

苏东坡不但好喝酒，而且喜欢酿酒，常常用自酿的小酒招待客人。我读过一本宋朝传下来的《酒经》，里面介绍了各种美酒的酿造配方，而这本《酒经》就是我们的苏大学士写的，所以又叫《东坡酒经》。

苏东坡酿过好多种美酒，其中他最得意的一款酒，是用蜂蜜酿出来的蜜酒。他写过一首《蜜酒歌》，说他酿造的蜜酒，"三日开瓮香满城"。不过，这也可能是东坡先生在吹牛，因为有一次，苏东坡用自酿的蜜酒招待朋友，结果，朋友拉了肚子。苏东坡还解释说："是蜜水变质了，是蜜水变质了。"

要说宋朝最好的美酒，当然不是苏东坡酿的，而是各大酒店的顶尖酿酒师酿造出来的。

宋朝各个获得酿酒许可的大酒店，都有一款乃至几款自酿的招牌美酒。比如北宋东京，遇仙楼出品的美酒叫"玉液"，仁和楼出品的美酒叫"琼浆"，高阳店出品的美酒有三款，分别是"流霞""清风""玉髓"，时楼的美酒叫"碧光"，班楼的美酒叫"琼波"，千春楼的美酒叫"仙醇"，我们以前介绍过的樊楼，也有两款天下闻名的美酒，叫"眉寿""和旨"。

仁和楼酿造的"琼浆"，连皇帝喝了都叫好。有一回，宋真宗在大内太清楼宴请群臣，席间君臣谈笑甚欢，真宗皇帝突然问道："外间哪一家酒楼的酒最佳？"

一名内侍说："听说仁和楼的琼浆很不错。"

真宗说："不如买几坛尝尝。"

内侍赶紧安排人出宫买酒。酒买回来，真宗吩咐给在座的大臣都满上。大家一品尝，果然是好酒，比皇宫大内的御酒还要好喝。真宗皇帝也很喜欢。

南宋时，驰名的美酒品牌更多，我给你念几款南宋人喝的名酒：流香、胜茶、蔷薇露（与当时进口香水"蔷薇露"同名）、蓝桥风月、万象皆春、江山第一……这些名酒，滋味究竟如何，我们今天已没有机会品尝，不过，光听酒名，就觉得特别美，不知道你们想尝尝哪一种？我听"蓝桥风月""蔷薇露"这两种酒的名字，还都挺想尝一尝的。

我特别注意到"蓝桥风月"这款酒，酒名透出一股城市小资的味道，简直不像是古代的人起的，更像是今天的文艺青年想出来的名字。但它的的确确是南宋时出产的美酒。施耐庵创作《水浒传》时，大概也觉得"蓝桥风月"的酒名很有味道，干脆将它写入小说中。小说写道：宋江登上江州的浔阳楼，酒保过来施礼，问道："官人是要待客，还是自消遣？"

宋江道："要待两位客人。你且先取一樽好酒，果品肉食，只顾卖来。"

酒保听了，便下楼去。少时，便送来一桌丰盛的时新果品、下酒菜蔬，以及"一樽蓝桥风月美酒"。

"蔷薇露"与"流香"则是南宋御酒库生产的两款御酒。陆游记录说："禁中供御酒，名蔷薇露，赐大臣酒，谓之流香酒。"可知"流香"是皇帝赏赐大臣的御酒，"蔷薇露"是特供皇室饮用的御酒。有机会喝到"蔷薇露"的宋朝人比较少，皇帝偶尔才会将"蔷薇露"赏赐给个别大臣，所以，能喝到"蔷薇露"的大臣，酒后往往都要写一首诗，纪念这次喝御酒的经历。

宋高宗朝的翰林学士兼侍读周麟之是饮过"蔷薇露"酒的少数大臣之一，喝下"蔷薇露"酒之后，周麟之特别写了一首《双投酒》诗纪念："君不见白玉壶中琼液白，避暑一杯冰雪敌。只今名冠万钱厨，此法妙绝天下无。又不见九重春色蔷薇露，君王自酌觞金母。味涵椒桂光耀泉，御方弗许人间传。向来我作金门客，不假酿花并渍核。日日公堂给上尊，时时帝所分余沥。"

从诗中透露出来的信息看，周麟之喝"蔷薇露"的时间应该是夏天，因此酒中可能加了冰块。一位研究黄酒的朋友告诉我，夏天喝黄酒，可在酒杯中投入几颗冰镇过、剥了皮的葡萄，味道非常好。我从前只知道冬日喝黄酒要烫热，却不知夏天喝黄酒可加冰，而宋人早就这么饮酒了："冰壶避暑压琼瓢，火炕敌寒挥玉斗。"

能喝到"流香"酒的南宋人，相对要更多一些，因为"流香"本来就是皇室赏赐大臣的专用酒。陆游可能没有喝过"蔷薇露"——如果喝过的话，他一定会写诗记下来，但他一定喝过"流香"，他的家里还珍藏着一点"流香"酒，那应该是早年皇帝赏赐给他的。

宋朝君主时常会将比较知心的朝臣请入内廷，美酒招待，嘘寒问暖："卿平日能喝多少酒？"内宴结束时，再将几瓶"流香"酒送给朝臣。陆游家中也有御赐的"流香"酒，舍不得喝完，留到晚年。

晚年的陆游写过一首诗，题目叫作《乍晴出游》，诗是这么写的："八十山翁病不支，出门也赋喜晴诗。小楼酒旆闹街处，深巷人家晒练时。本借微风欹帽影，却乘新暖弄鞭丝。归来幸有流香在，剩伴儿童一笑嬉。"诗人的年龄大了，但还是喜欢喝点小酒，而最让他念念不忘的美酒，便是家中珍藏的"流香"。

我也很喜欢"流香"这个名字。流香，流香，宋朝美酒的酒香，一直流淌在中国人的文化记忆中。

都城处处有食店

假如我们是生活在宋朝的都城人，家里来了客人，快到饭点了，要留客人吃顿饭，这顿饭在哪里吃好呢？

主人："张兄，快到晌午，你留下吃个便饭吧。"

客人："太叨扰李兄了，我还是先告辞，咱们改日再聊。"

主人："不叨扰。附近新开了一家孙羊店，老板姓孙，招牌菜是羊肉。我们到那里边吃边聊，今日与张兄聊得正投机，我不能放你走，哈哈。"

客人："也好。我也听说东京孙羊店的'批切羊头''入炉羊头签'，连苏东坡都赞不绝口，想着尝尝哩。咱说好了，今天我请客。"

主人："这可不行。我是主，你是客，客随主便，今天我请客。"

——这是宋人生活中常见的对话情景，到饭店吃饭也是宋人日常生活的一部分，因为宋朝的京城或者其他大城市，饭馆、食肆到处都是，有人统计过，张择端的《清明上河图》描绘了一百余栋楼宇房屋，其中可以明确认出是经营餐饮业的店铺有四五十栋，差不多接近半数。这《清明上河图》简直就是一幅东京吃货地图嘛。所以，对宋朝的都市人来说，请客人上饭店吃个饭，是非常方便的，寻常市民家里平日也不常备菜蔬，而是习惯下馆子吃饭，或者叫外卖。

宋朝食店不但数量多，种类也多。有北方风味的北食店、南方风味的南食店，还有四川风味的川饭分茶店；有"专卖家常饭食"的大排档，有立马就可以上菜、打包带走的快餐店，又有"高大上"的豪华大饭店……你可以根据口味、腰包里银钱的多少，挑一家合适的食店。

假如你问宋人："我吃斋多年，不习惯吃荤菜，宋朝有没有素菜馆？"

宋人会回答："素菜馆？当然有啦。你看大街上打出'素分茶'招牌的食肆，便是素菜馆。"

如果你还有点不理解："素分茶？是卖茶水的吧？"

宋人会告诉你："不是。宋朝的饮食店，习惯叫作'分茶店''分茶酒肆'，里面也卖茶、酒，但主要是吃饭的地方，有下酒菜，也有各种主食。专卖素食的饮食店，就叫'素分茶'。"

说到宋朝的素食店，不能不提北宋东京的大相国寺。

大相国寺是地处东京闹市的寺院，又是一个大集市，里面有商店、茶坊、酒楼、饮食店，其中东西塔院提供的素食，远近闻名，每逢斋会之日，许多东京人都要到大相国寺吃斋。我们以前说过，李清照与丈夫赵明诚经常到大相国寺"淘宝"，买些古董字画，如果他们愿意，当然也可以到东西塔院吃个斋饭。

除了大相国寺，宋朝城市的不少寺院都开设有素菜馆，对外营业。说一件小趣事：宋神宗时，枢密院有几位官员游兴国寺，顺便讨论军事问题。兴国寺的素分茶，甚是精致、美味，这几个官员便在兴国寺的素分茶店坐下来，叫了几份素食，边吃边聊。饭后，要付账了，这才发现，大伙儿都忘记带钱了。

官员甲："兵书上，遇上这种情况，可有什么计策？"

官员乙："三十六计，走为上计。"

于是，这几个人用袖子掩着脸面，溜之大吉。堂堂朝廷命官，居然吃了一顿霸王餐！该罚！

寺院向游客提供素菜，这不奇怪。让我有点惊奇的是，宋朝有一些寺院居然还设有荤菜馆，比如东京的大相国寺，里面有一个叫作"烧猪院"的饭店，招牌菜就是烧猪肉，非常美味，主厨的大厨师是大相国寺的一名和尚，法号"惠明"，做菜的手艺很好。

　　当时的翰林学士杨亿，时常带着一帮同事，跑来大相国寺的"烧猪院"吃饭。来的次数多了，便与主厨的惠明和尚混熟了。

　　这一日，杨亿忍不住向惠明发问："你是出家人，这饭店叫烧猪院，合适吗？你心安吗？"

　　惠明："大伙儿都这么叫，我又有什么办法？"

　　杨亿："我帮你改个名称如何？"

　　惠明："杨学士愿意给小店取名，那是最好不过了。"

　　杨亿："不如叫作'烧朱院'。"

　　"烧朱院"，朱是朱砂的朱。北宋内廷设有"后苑烧朱所"，负责烧制红色颜料。将"烧猪院"改为"烧朱院"，借助宫廷机构的名称，尽管读音差不多，但内涵确实变文雅了一点。

宋张择端《清明上河图》中的食店

大相国寺的"烧朱院"以提供特色美食闻名，若论环境之优美、服务之周到，当数宋朝大都市里的大饭店。

宋朝东京、临安的大饭店，店门口酒旗飘扬，表明这家饭店有美酒出售；挂着金红纱栀子灯，打出灯箱广告，表明这家饭店夜间也营业。从大门口进去，是一条主廊，约一二十步，长廊两边是宽敞的厅院、长长的廊庑，整整齐齐摆着饭桌，花竹掩映；楼上则是洁净的包厢，包厢以盆景、名人书画装饰，十分雅致。客人可以在厅院就座，也可以挑一个包厢，享受VIP待遇。

这些饭店每天"交五更"，即凌晨5点左右便开门做生意，卖粥饭点心，然后一直营业到次日三更末，即次日凌晨1点左右。每当夜幕降临，就是宋朝酒楼饭店最热闹、最繁华的时刻，店里点亮无数灯烛，灯火通明，主廊上站着数十名浓妆淡抹的漂亮歌伎，捧着美酒，热情招呼客人，"望之宛如神仙"。

请注意，宋朝酒楼饭店里的歌伎，并不是做皮肉生意的女性，而是卖艺的女子，她们的工作，是给前来吃饭、喝酒的客人弹奏音乐、唱唱歌，以助雅兴。

你一登门，立即便有店小二向你施礼："客官，里面请。"

如果你只是想随便吃一点，不打算花费那么多钱，请不要上楼，在楼下散坐就行。如果你是招待客人，想吃好点，可以上楼，挑一个包厢、雅座，慢慢吃。

在包厢、雅座坐定，老板娘也许会过来打招呼："两位客官好面相，你们是吃饭，还是喝酒？"

食客："既吃饭，也喝酒。"

老板娘："好，二位稍等。好酒好菜片刻就来。"

马上，桌上就摆好了丰盛的菜肴，看着让人食指大动。——说到这里，你有没有感到奇怪：还未点菜呢，怎么饭店就先上菜了？

不明就里的食客会问："老板娘，这桌菜是饭店送我们吃的吗？"

老板娘"扑哧"笑出声："不是的，客官。这叫'看菜'，是给您看的，不能吃。"

食客又问："看菜？看菜是什么？"

老板娘解释："这位客人想必是从外地来的，有所不知，这是我们京城饭店的惯例，客人点菜之前，饭店照例都会先上一桌看菜，让客人欣赏欣赏菜品。"

食客："不能吃？"

老板娘："不能吃。有些外乡人初来乍到，不知京城的风俗，看到看菜就动筷子，那是会被人笑话的。"

食客："幸亏我没动筷子，要不然真让人笑话了。"

上了看菜之后，才是正式的点菜环节。

老板娘问道："今天不劳烦店小二，我亲自给你们服务。两位客官，今天要打多少酒，点什么菜？"

食客："打两角酒，一份果品，两碟咸酸，四盘下酒菜。老板娘，下酒菜有什么推荐？"

老板娘："给两位来花炊鹌子、羊舌签、螃蟹酿枨、炒鳝，再加一盘生炒时蔬，如何？"

食客："好极，好极。"

老板娘："稍等，马上就来。"

这段对话是我虚拟的，但"看菜"的习俗却是真实存在的。《梦粱录》记载说，客人上酒店喝酒，"初坐定，酒家人先下看菜，问酒多寡，然后别换好菜蔬。有一等外郡士夫，未曾谙识者，便下箸吃，被酒家人哂笑"。老板娘报出的菜单也不是我们信口乱说，而是宋人笔记里记载的宋朝顶级名菜。

点了菜，店小二撤走看菜，很快就可以上能吃的菜了。行菜的伙计身怀绝技，如同一名杂技高手，左手拿着三个碗，右手自肩膀至手掌，驮着五六盘菜，快步走来，手臂上每一盘菜都纹丝不动，半点汤汁都不会洒出来，一次性将你所点的酒菜送齐。宋朝饭店伙计这份送菜的功夫，保准令你看得目瞪口呆。

　　如果你要加菜，随时都可以叫饭店伙计，他们随叫随到，你一点好菜，不消片刻，菜就要送上来，不容迟缓，不容出错。

　　而且，宋朝的饭店伙计对待客人，必须热情周到、殷勤有加，让客人有宾至如归的感觉，因为按宋朝饭店的惯例，伙计的服务如果出了差错，被客人投诉，轻则会受店老板叱责或者被扣工资，重则会被炒鱿鱼。

　　假如我们有机会穿越到宋朝城市，我建议你一定要到大饭店撮一顿，体验一回宋朝式的服务。记住，别忘记给五星好评哦！

吃货的黄金时代

我以前看过金庸老爷子的《射雕英雄传》，对里面的一个细节印象很深刻，那就是郭靖与黄蓉在张家口第一次见面，靖哥哥请蓉儿吃饭，黄蓉也老实不客气，点了一桌子美食："伙计，先来四干果、四鲜果、两咸酸、四蜜饯。下酒菜这里没有新鲜鱼虾，嗯，就来八个马马虎虎的酒菜吧。"

店小二问："客官爱吃什么？"

黄蓉："八个酒菜是：花炊鹌子、炒鸭掌、鸡舌羹、鹿肚酿江瑶、鸳鸯煎牛筋、菊花兔丝、爆獐腿、姜醋金银蹄子。我只拣你们这儿做得出的来点，名贵点儿的菜肴嘛，咱们也就免了。"

店小二："这八样菜价钱可不小哪，单是鸭掌和鸡舌羹，就得用几十只鸡鸭。"

黄蓉向郭靖一指："这位大爷做东，你道他吃不起吗？"

店小二见郭靖穿得像一个土豪，便不再说什么。不一会儿，果子、蜜饯、酒菜等美食逐一送上桌来，郭靖每样一尝，件件都是从未吃过的美味。

黄蓉点的这几道酒菜，有些是金庸老爷子编出来的，有些确实是宋朝的美食，比如"花炊鹌子""鸡舌羹"，都是宋朝的顶级名菜。在南宋初的时候，"中兴四大名将"之一、与岳飞齐名的张俊，有一次在府中请宋高宗吃饭，第一道下酒菜就是"花炊鹌子"。我估摸着，这"花炊鹌子"大概便是红烧鹌鹑。

而在北宋的时候，宰相吕夷简非常喜欢吃"鸡舌羹"，一道以鸡的舌头为主原料的羹，每天起床后，都要喝一碗"鸡舌羹"。有一天，吕夷简游自家后花园，发现墙角堆起了一个小山包，于是叫了家丁来问

五代南唐顾闳中《韩熙载夜宴图》中的宴饮场景局部，此为宋摹本，北京故宫博物院藏

话："小吕，这个山包是谁堆出来的？"

家丁："回相公，这不是山包，是厨房杀鸡留下来的鸡毛。"

吕夷简："厨房杀了这么多的鸡干吗？"

家丁："因为相公您每天都要吃鸡啊。"

吕夷简："胡说！我一个人能吃多少只鸡？"

家丁："一只鸡只有一根小小的舌头，相公一碗鸡舌羹，得杀多少只鸡啊？"

吕夷简听了，非常惭愧，从此不再吃"鸡舌羹"。

金庸老爷子应该看过这个故事，所以将"鸡舌羹"写入了《射雕英雄传》。如果金庸能将黄蓉点的八道酒菜都写成宋朝名菜，那才更有意思。要做到这一点并不难，因为宋人笔记记录了非常多的美食，前面我们提到的张俊请宋高宗吃饭的豪华天宴，也留下了一份菜单。

那顿饭到底吃了什么东西呢？我给各位介绍一下：酒菜上桌之前，先上两轮餐前小吃，第一轮餐前小吃有水果盘、干果盘、蜜饯、咸酸、腊味与腌制品，第二轮餐前小吃又有水果切片、时鲜水果、蜜饯、咸酸、果子制品、腊味与腌制品。

用过餐前小吃，正式的下酒菜才端上来。这顿饭喝了十五盏酒，每一盏酒有两个菜，所以一共有三十道酒菜，什么羊舌签、肫掌签、奶房签、三脆羹、鹌子羹、螃蟹清羹、血粉羹、水母脍、鹌子水晶脍、五珍脍、鲜虾蹄子脍、肚胘脍……我是流着口水写这一串菜名的。

在喝酒时，又上了七道餐间美食，主要是各种烤肉，又上了十道劝酒小吃，以及十味"厨劝酒菜"，这个厨劝酒菜，大概就是厨师特别推荐的佐酒美食。

还没有吃完呢。酒菜上完，再上两轮餐后小吃，包括蜜煎、咸酸、时新、脯腊等等。张俊请的客人是皇帝，菜品这么丰盛，也是可以理解的。

一般市民上饭店吃饭，也能吃到这么多的美食吗？能。前提是——你掏得起钱。在宋朝大都市，一般的大排档都可以提供多种多样的菜品，比如撺肉羹、骨头羹、蹄子清羹、猪大骨清羹、鱼辣羹、鸡羹、杂合羹、南北羹，以及煎肉、煎肝、冻鱼、冻肉、煎鸭子、煎鲚鱼等下饭菜，这些都是家常饭食。

高档一点的饭店，更是以丰盛的菜肴吸引食客，有热菜，有凉菜，还有冰镇的冷菜，菜品丰富，"不许一味有缺"，任顾客挑选。如果你在宋朝大饭店点一道名菜，伙计却告诉你，本店做不出来，那你可以向店掌柜投诉伙计与厨师。

在宋朝，煎、烤、炸、炒、煮、蒸等烹饪手法已经成熟，同一种食材，可炒可煎，可蒸可煮，可油炸，可腌渍，可生吃。不同的烹饪手法，可以做出不同的美食，具有不同的风味。

羊肉等食材剁碎，以猪网油包裹，油炸，宋朝人称这类食品为"签菜"。

腌制的食品，宋朝人则称为"鲊"，羊肉、鲜鱼、虾蟹、鸡鸭、雀鸟、鹅掌，都可腌制成"鲊"。宋朝有一道很美味的腌渍食品，叫作"旋鲊"，旋，旋转的旋，快速的意思，这是一种用食盐、酒糟等调料短暂腌渍后马上食用的美食，跟今天广东菜中的生腌血蛤、生腌虾差不多。

宋朝人还喜欢将新鲜的鱼、肉做成"脍"。"脍"是什么？就是生鱼片、生肉片，这一美食传入东瀛，成了日本"刺身"。

宋朝时，人们开发出来的食材已经很丰富，地里长的，山里跑的，海里游的，都是大自然对吃货的馈赠。而宋人最钟爱的食材，大概要算螃蟹与羊肉。

宋朝人喜欢将螃蟹做成"蟹生"。蟹生又是什么？就是将生蟹剁碎，过一遍热麻油，等冷却下来，加入茴香、花椒末、水姜、胡椒等调味品，再加葱、盐、醋、酒，拌匀，腌渍片刻，便可食用。是不是有点像现在的生腌蟹？是的。宋朝人也将这道菜叫作"洗手蟹"。

宋朝人也喜爱吃羊肉，一首宋诗是这么说的："人生稍富足，著意营口腹。买鱼寻鳜鱼，买肉要羊肉。"在宋朝人的心目中，最好吃的肉，就是羊肉。连皇宫里皇家吃的御膳，主要也是羊肉，宋朝人说，皇室"饮食不贵异味，御厨止用羊肉"。北宋时，东京大内御膳房每年消耗的羊肉，有43万多斤，而猪肉的用量只有4000多斤。可见宋朝皇室对羊肉是多么喜爱。

不过，让我感触最深的，其实并不是宋朝美食之丰盛，而是宋朝有一位皇帝，面对美食的诱惑时，却保持着难得的克制。这位宋朝皇帝，是宋仁宗。

有一回，皇宫里举行内宴，宴席上有一道菜，是清蒸螃蟹，一共28只。当时螃蟹刚刚上市，御厨知道宋仁宗喜欢吃螃蟹，便叫人上街买了一小筐。仁宗一看饭桌上的螃蟹，问道："新蟹？我今年还未吃到，不知

一只要多少钱？"

左右回答说："一只要一贯钱。"

仁宗皇帝听了，立即拉下脸，说："我多次告诫你们，吃饭不要那么侈靡。一只蟹一贯钱，这一筷子下来，就花掉了28贯。"仁宗坚决不吃螃蟹。

还有一次，宋仁宗上早朝，脸色很不好看。大臣问："陛下是不是身体不舒服？"

仁宗说："没啥事，只是有点疲劳，不碍事的。"

大臣一听，以为皇上沉溺于美色，累坏了身子，又讳疾忌医，便委婉提醒仁宗："色字头上一把刀，陛下您要注意身体，'保养圣躬'。"

仁宗一听，忍不住笑了："卿等想歪了，哪有这等事。我只是昨夜肚子饿，失眠了。"

大臣很惊讶："失眠？到底怎么回事？"

仁宗说："昨夜肚子有点饿，想吃烤羊肉，越想越饿，越饿越想，结果就睡不着了。"

大臣问道："何不叫御厨做来？"

仁宗说："我何尝不知可以叫御厨做出来。但按祖宗家法，从未有夜间供烤羊肉的惯例，我不愿意破这个例，这例一破，以后不知夜里又要宰杀多少只羊了。所以，宁可忍着点。"

大臣听了，很感慨。说真的，我也有点感慨。一个人面对着美食的诱惑，能够管住自己的嘴巴，坚决不吃，太难得了，值得今日营养过剩、想要减肥的朋友好好学习。

夏季冷饮最爽口

不知各位注意到没有，张择端的《清明上河图》上画了许多路边摊，其中有些路边摊打出的广告牌子，上面写着"饮子""香饮子"的字样。这饮子、香饮子究竟是什么东西？其实，它们是流行于宋朝的饮料，用甘草、陈皮等药材煮出来的，类似于现在的广东凉茶。

施耐庵的《水浒传》里，有一个地方写道，宋江夜里喝了点小酒，又与阎婆惜怄气，睡得不踏实，三更半夜就醒了。挨到五更，干脆起来洗漱，换了衣服，到县衙上班。在县衙门前，见一碗灯明，正是卖汤药的王公，来县前赶早市。

王公跟他打招呼："押司，今日出来这么早？"

宋江说："夜来酒醉，错听了更鼓。"

王公说："押司必然伤酒，且喝一盏醒酒二陈汤。"

宋江说："好。"说完，就找了一张凳子坐下来。王公盛了一盏浓浓的二陈汤，递与宋江吃。《水浒传》里的二陈汤，就是宋朝人常喝的一种饮子，据说可以醒酒。

我们今天可以喝到各种各样的饮料，比如茶饮料、酒精饮料、牛奶、咖啡、可乐、果汁、矿泉水、凉茶等等。宋朝人能喝到的饮料，也不仅仅是二陈汤等饮子，还有很多品类。

如果你问，宋朝有哪些饮料？我会告诉你，宋人常喝的饮料有饮子、汤品、浆水、渴水、熟水、凉水等等。

如果你问，这都是些什么东西？别急，我慢慢给你说。

宋朝人喝的汤品，可不是我们今日在饭桌上吃的鱼汤、排骨汤之类，而是一种可以快速冲泡的饮料。宋人习惯用茉莉花、桂花、梅花、荔枝、香橙、乌梅、莲子等花果制作汤品。先将花果盐腌，晒干，烘焙，碾成细粉，然后装入器皿，密封储存，招待客人时，再取出若干，冲泡成饮料，这叫作"点汤"，有点像今天我们冲速溶咖啡，当然，宋朝汤品的原材料不是咖啡，而是花果粉。不同的花果，可以做出不同的汤品，如荔枝汤、木樨汤、橙汤、香苏汤、乌梅汤。

经济条件好一点的宋朝人，家里都会备着一些汤品，以便招待客人，因为按宋朝风俗，"客至则啜茶，去则啜汤"，家中来了客人，先点茶敬客，客人要走时，再点汤送客。所以，假如我们到宋朝人的家里做客，聊了一阵子，主人家让婢女给你端来一碗香喷喷的汤品，那你就要识趣了，这是主人暗示你可以告辞的意思。这碗汤，有人非常形象地将它叫成"滚蛋汤"。如果主人迟迟没有端上汤品，则意味着主人非常好客，想留你继续聊天。

宋朝人也喜欢喝浆水。浆水是宋朝的乳酸饮料，做法很简单：米饭煮熟，倒入缸中，用干净的冷水浸泡五六天，让其发酵，稍微变酸后便可以倒出汤水饮用。不可以太酸，太酸的话就会很难喝。宋人还会根据个人口味，在浆水里加入蜂蜜、花果，做成荔枝浆水、桂花浆水、木瓜浆水等，喝上去酸酸甜甜的，还有花果香，纯天然，不加香精。

渴水呢？类似于浓缩果汁。宋朝比较流行的渴水，有林檎渴水、杨梅渴水、木瓜渴水、葡萄渴水等。做法是：将要用的水果，比如杨梅，榨汁，滤去果渣，入锅，细火慢熬，让多余的水分蒸发掉，直至果汁成为浓稠的膏状，再放凉，倒入干净的容器中，密封存放。到了要用的时候，就取出适量的浓缩果汁，用沸水冲泡，便可饮用。

宋朝社会最流行的饮料，是熟水。请注意，这熟水并不是白开水，而是用紫苏、豆蔻、丁香、桂花等香料浸泡出来的饮料。将香料焙干，投入沸水中，浸泡出味，便是熟水，类似于今天的花草茶。不同的香料，可以做出不同的熟水：紫苏泡的熟水，叫紫苏熟水；豆蔻泡的熟水，叫豆蔻熟水；鲜花泡的熟水，叫香花熟水。

宋朝有一款熟水叫梁秆熟水，应该是当时最大众化的熟水，做法是：取稻秆心一束，洗净，晒干，在沸水里涮几次，一锅梁秆熟水便可以新鲜出炉。虽然用料简单，但闻着喝着，有一股稻香。如果嫌味淡，可以加点糖、蜂蜜。宋朝的大都市，即便是大冬天的深夜，都有小贩摆摊卖热腾腾的梁秆熟水，供上夜班的人饮用，价格非常亲民，两三文钱一碗。

宋朝人喜欢喝熟水，上自皇室，下至市井平民，都有喝熟水的习惯。皇家贵族用名贵香料制作熟水，穷人家摘几片竹叶，割一束稻秆，也可以做熟水。相传宋仁宗曾给宫里的熟水评定品级，以紫苏熟水为上品，沉香熟水次之，麦门冬熟水又次之。可见仁宗皇帝也很喜欢喝熟水。

有一次，仁宗皇帝在后花园与大臣谈事情，仁宗一边走，一边频频转头往后面看，大家都不知道仁宗什么意思。

大臣问："官家找什么？"

仁宗说："没事，没事。"

谈完事情，仁宗回到寝宫，连声叫喊："快快，给我端上一碗熟水来，渴死我了。"

嫔妃问他："官家口渴，刚才在外面何不叫人送熟水？"

仁宗说："刚才我几次回头，都没看到备熟水的宫人跟着。我当时若是说出来，备熟水的宫人就会因为失职受责罚，所以我还是忍着口渴，回来再喝。哎呀，你别让我说这么多话了，我先喝口熟水。"

嫔妃端上熟水："喏，官家您慢点喝。"

仁宗连喝了几口，说："嗯，这是紫苏熟水吧？不错不错。"

仁宗皇帝喜欢喝紫苏熟水，宋朝女诗人李清照常喝的则是豆蔻熟水，她有一首小词写道："病起萧萧两鬓华，卧看残月上窗纱。豆蔻连

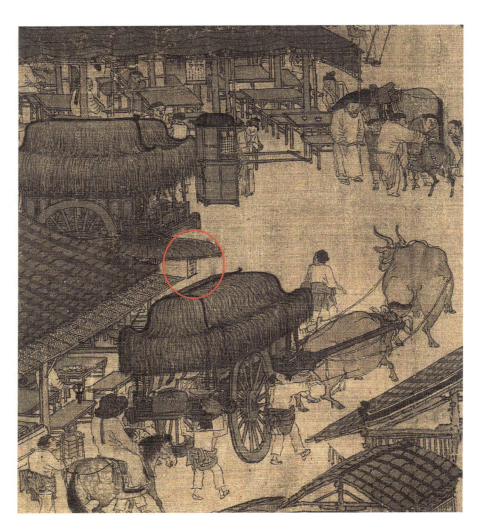

宋张择端《清明上河图》中的街边饮料摊子

梢煎熟水，莫分茶。"说她晚年身体多病，不敢喝茶了，只喝豆蔻熟水。

另一位宋朝大诗人苏东坡，则喜欢喝麦门冬熟水。他听说朋友米芾没有午睡，大热天跑到东园赏花，怕他中暑，亲手调制了一瓶麦门冬熟水，叫人赶紧给米芾送去，并附上一首诗："一枕清风值万钱，无人肯买北窗眠。开心暖胃门冬饮，知是东坡手自煎。"

有苏东坡这样一位既体贴又有手艺的朋友，真是一种福分。我得叫我的朋友学着点。

不知道苏东坡会不会在麦门冬熟水中加几粒冰块。大热天，加冰的饮料，喝起来显然会更加爽口。我们夏天都喜欢喝冷饮，其实，宋朝人也是。

宋朝冷饮的品种很多，每当盛夏时节，北宋东京、南宋临安的街头，都摆满了叫卖解暑冷饮的小摊，撑着青布遮阳伞，摆着几张木桌椅，供走过路过的顾客坐下来，美美喝上一碗，解渴又解暑。

一女子路过冷饮摊，小贩赶紧招揽客人："这位小娘子，您想要喝点什么？"

小娘子问："都有什么呀？"

小贩："有杨梅渴水、香糖渴水、木瓜浆水、荔枝浆水、冰雪甘草汤、冰雪冷元子、生淹水木瓜、紫苏饮、姜蜜水，都是加了冰的冷饮，小娘子想要哪个？"

小娘子："这些我都喝过了，今天我想尝点别的。还有别的吗？"

小贩："要不，您试试我们新做的梅花酒？又香又冰又好喝。"

小娘子："好呀，那我就试试这梅花酒吧。快点，口渴。"

小贩："好嘞，您稍等。"

刚才小贩说的这类冷饮，宋朝人称之为"凉水"。

宋朝的皇帝也喜欢喝冷饮。有一年夏天，南宋的孝宗皇帝喝凉水，图一时爽口，一不小心喝多了。他在后殿跟奏事的大臣施师点说起这事儿："朕前日饮凉水过多，拉了肚子，幸亏今天已经好了。"

施师点一听着急了，赶紧劝告他："自古为人君者，无事之时，快意所为，不知节制，结果便闹出点事情来，事后没有不后悔的。"

孝宗说："卿提醒得对。往后，朕喝凉水，会悠着点。"

施师点说："不仅是喝凉水，做其他事情也一样。"

一位皇帝，贪吃了几口冷饮，也要被大臣上纲上线教训一通。看来这皇帝也不大好当，还是咱们平民百姓更自由自在一点。不过，我觉得施师点的话也有道理：冷饮虽然爽口，但也不能放开来吃，否则，你的肠胃会抗议的。

第五辑 贪玩的风气

宋人不但追求舌尖上的享受，也喜欢玩乐。马球、「足球」、「高尔夫球」、相扑，都是宋人最爱玩的体育运动，不但有全国性的足球锦标赛、相扑大赛，平日里也有商业性的足球表演赛、相扑表演赛；不但男子会在竞技台上大展身手，女子也可以当相扑手，与男子一争高下。几乎每一个宋朝城市都设有供市民玩乐的瓦舍勾栏，人们可以尽情地吃、喝、玩、乐。

马球：青丝飞控紫骅骝

你也许看过一部以宋朝为社会背景的电视剧《知否知否，应是绿肥红瘦》，剧中有一位永昌伯爵府夫人，叫作吴大娘子，经常在东京金明池边组织马球赛，邀请京城的贵家子弟、官眷参加。马球，就是人骑在马上，一边操纵着马奔跑的方向，一边用马球杆把球打入球门的一种体育活动。

哇，我们现代人，不论男女，能骑马就很不容易了，边骑马边打球，还要比赛、得分，听起来真是不简单！一些朋友也可能有些疑惑：吴大娘子组织马球赛，难道宋朝的女孩子也可以参加马球赛吗？

没错，宋朝未必真有一位经常组织大型马球赛的大娘子，但打马球确实是宋朝盛行一时的一项男女皆可参加的运动。

宋朝的皇室很喜欢打马球，设有皇家马球队，经常举行马球赛。话说北宋太平兴国五年（980）三月，宋太宗在大明殿组织了一场马球赛。

那天，大明殿外辟出一个宽大的马球场，人头攒动，旌旗飘扬，锣鼓喧天，大宋的皇家乐团奏响了雄壮的龟兹部鼓乐。

球场的两端各竖立两根一丈多高的雕龙门柱作为球门，并且各有一名守门员，参赛的球队分为左右朋对垒，另有12名裁判员，手执小红旗，负责"唱筹"。"唱筹"，就是报告进球得分，球队每进一球，裁判员就举起小红旗，高声喊："左朋进球，得一筹！""右朋进球，得一筹！"这左朋右朋，其实就是左右两个战队，哪个队先得到三筹，哪个

唐李邕墓壁画《马球图》局部，陕西考古研究所藏

队就胜利。进球得筹的球队，可以获得一面彩旗，插于木架上，作为记分标志，这样，赛场双方的得分情况，一目了然。

这次皇家马球赛打了两场。第一场，皇帝与一众大臣组队上场打球，左朋穿黄色球衣，右朋穿紫色球衣。由皇帝开球，这开球是礼仪性质的，打出第一球之后，皇帝回马喝酒，饮毕，再上马打出第二球，比赛才正式开始。亲王、大臣驰马争击，皇家乐团擂鼓奏乐助威，观者摇旗呐喊，球击至球门附近可以射门时，鼓点更急，催动人心。进球，则鼓响三通。如果是皇帝进球，裁判员会高声喊道："御朋进球，得一筹——"这时，鼓乐会停下来，众人山呼："万岁！"如果是群臣进球得分，众人则大呼："好！"进球的官员下马称谢。

打满三筹，这场马球赛便结束了。皇帝招呼群臣下马喝酒，观赏第二场比赛。

第二场是打球供奉官的较量。打球供奉官就是皇家职业马球队，他们也分成两朋，左朋身穿紫色绣花球衣，右朋身穿绯红色绣花球衣。

他们是职业球员，打球的技艺显然更加高超，比赛的对抗性无疑也更加激烈。咱们就不一一细说了。

宋朝的好几位皇帝都会打马球，宋太祖、宋太宗戎马出身，骑术高超是自然的，不过就连在深宫里长大的宋仁宗、宋神宗、宋徽宗，都很喜欢打马球。特别是宋徽宗，不但喜欢，而且球技十分了得，用宋朝人的话来说："今圣精敏此艺。"

而且，宋徽宗还组建了一支皇家女子马球队，有一首宋诗写道："内苑宫人学打球，青丝飞控紫骅骝。"描绘的便是宋徽宗时期的皇家女子马球队。这支女子马球队骑术超群，击球之技"妙绝无伦"，卫士看了，皆有愧色，自愧不如。

有一次，宋徽宗邀请大臣观赏皇家女子马球表演赛。

宋徽宗："卿等觉得这支巾帼马骑如何？"

大臣："不让须眉。"

宋徽宗："骑马击球，虽不是女子的分内事，但女子能将马球打得这么好，须眉男儿也不能落后啊。"

每年的春季三月，东京皇家园林金明池、琼林苑照例都要对市民开放，任人游玩。皇帝也会择日驾临金明池与琼林苑，与民同乐。皇帝游园之日，皇家艺术团要在金明池举行精彩的文娱会演，供皇帝与游客观赏。会演的节目之一，就是皇家女子马球表演赛。皇家女子马球队上场了，由几名手执绣龙小旗的内侍引导着，列成长列，鱼贯登场，足足有一百多骑，马背上的女骑手，"艳色耀日，香风袭人"。众女骑手山呼："吾皇万岁！"

唐朝时，皇室、大臣也喜欢打马球，也设有皇家女子马球队，那我们为什么要说宋朝的马球运动更为兴盛呢？因为宋朝时，马球已经从一项贵族运动演变成平民运动，不但皇室、贵族喜欢打马球，平民也可以打。

金明池旁边、琼林苑外面，有一个球场，"牙道柳径"，是北宋东京市民打马球的场所。古装剧《知否知否，应是绿肥红瘦》里面的吴大娘子组织马球赛，估计就在这个地方。

南宋的临安城，有个大校场，是士兵操练的广场，平日空闲时，也开放给市民跑马、打球、射弓、飞放鹰鹘。临安的富室郎君、风流子弟还结成"打球社"，相当于成立了马球协会，这是唐朝未曾有的事情。你想啊，如果民间没有为数众多的马球爱好者，怎么可能会出现马球协会？

与赵宋王朝并存的辽国、金国、蒙古汗国，也流行马球运动，宋朝的使臣出使辽国、金国、蒙古汗国，有时候便会受到挑战："会马球吗？赛一场如何？"这个时候，如果宋朝的使臣不会打马球，就有点丢人了。

南宋后期，赵珙出使蒙古军营，与蒙古汗王木华黎谈判。赵珙发现，蒙古人很喜欢打马球，经常会举行小型的马球赛，参赛的骑手一般只是二十来骑。

一日，蒙古营又有马球赛，木华黎派人将赵珙请过去。

木华黎："今日打球，为何不来？"

赵珙："未见大王有旨相请，不敢擅来打扰。"

木华黎："你来我营中，便是一家人。凡有宴聚打球，或打围出猎，你便来同戏，如何？"

赵珙哈哈大笑，自罚酒六杯。

当时宋朝与蒙古是同盟关系，木华黎对待南宋的使臣，还是很热情的。可惜不久，双方便交恶了，兵戎相见。

我觉得，战争是残酷的，在战场上厮杀，不如在球场上较量。而且，不光男人可以切磋球技，女孩子也应该多多切磋，展现巾帼不让须眉的一面。你们说对不对？

蹴鞠：又着红靴踢绣球

《水浒传》里有一个"踢足球"的高手，名叫高俅。高俅这个名字，便来自足球。《水浒传》是这么写的：北宋东京城里，有一个浮浪破落户子弟，姓高，因为不务正业，只爱弄枪使棒，踢得一脚好球，京城人干脆叫他高毬。毬，是足球的"球"的另一种写法。后来高毬发达了，觉得"毬"字不雅，便改为单人旁的"俅"。

宋朝历史上，高俅确有其人，也确实擅长踢球，但他并不是破落户出身，而是苏东坡的书童。后来苏东坡离京出任地方官，将高俅推荐给朋友曾布，但曾布大概不喜欢高俅这个人，以家中仆人颇多为由，婉谢了苏东坡。于是，苏东坡又把高俅推荐给了另一位朋友、驸马都尉王诜。就这样，高俅成了王驸马家的仆人。

王诜是皇亲国戚，与端王赵佶交好。有一日，王诜与端王在殿庐等候朝会时相遇。

端王："王都尉，借一步说话。"

王诜："十一哥，何事？"

端王："小事。你看我的鬓毛是不是有些杂乱？我想刮一下，却忘了带篦刀子，王都尉可曾带篦刀子？"

"正好带了一把。"王诜说着，从腰间取出一把篦刀子，递给端王。

端王："这篦刀子的样式甚是新奇可爱。"

王诜："我刚好叫匠人造了两把，一把尚未用过，待会儿我叫人把新篦刀给十一哥送去。"

北宋苏汉臣《宋太祖蹴鞠图》，现存图为元代画家钱选临摹品，上海博物馆藏

当天退朝，王诜回到家，叫来仆人高俅，让他给端王送篦刀子。高俅来到端王府，正好碰见端王与家人在园子里踢足球。高俅在一边看得心痒痒的，跃跃欲试。端王见状，就把他叫到跟前。

端王："小高，你也会踢球吗？"

高俅："小的略懂。"

端王："好好。你下来一块儿踢。"

端王叫高俅一起踢球。没想到，高俅下场后大展身手。端王是爱球之人，见高俅球技了得，非常高兴，赶紧叫来了仆人："你去驸马府告诉王都尉，就说我谢谢他送篦刀子，送篦刀子的小高我也留下了。"

从此，高俅就跟了端王，陪他踢球。过了几年，皇帝宋哲宗驾崩，端王继位，他便是宋徽宗。高俅也跟着平步青云，成了高太尉。

高俅能够发迹，简单地说，是因为他的球踢得好。不过，在宋朝，球踢得好的官员，可不止高俅一个。比如宰相级别的高官丁谓、李邦彦，球艺都十分了得；还有一个叫柳三复的进士，踢球也很厉害。

这个柳三复考中进士后，去拜见宰相丁谓，当时丁谓在后园踢球，一球射出，被柳三复用头接住，只见他头顶着球，走过来向丁谓三鞠躬，又从怀中掏出以前所写的得意文章，呈给丁谓，并再次鞠躬行礼。

柳三复行礼之时，球滴溜溜地从他的头上旋转到肩膀，又旋转到后背，再跳起来，落到头上，在头顶上一直打转。自始至终，柳三复手不碰球，球不落地。这球技，简直比贝克汉姆还要厉害。丁谓也看呆了，对柳三复十分佩服，将他收为门客。

宋朝为什么一下子涌现出这么多的踢球高手？因为宋朝是足球运动的黄金时代啊，当然，"踢足球"是我们今天的说法，宋朝人则习惯叫"蹴鞠"。热爱蹴鞠的宋朝人非常多，上自天子，下至市井小民，都不乏足球爱好者，踢球的人多了，自然而然就会诞生一些踢球高手。

宋朝的开国皇帝宋太祖就很喜欢踢球，上海博物馆有一幅宋画《宋太祖蹴鞠图》，画的就是宋太祖与大臣一块儿踢球的情景。宋朝人开设的足球培训班，非常聪明地将太祖蹴鞠的故事写入招生广告词中："宋祖昔日皆曾习，占断风流第一家。"你看，在宋朝人的心目中，踢足球原来是最最风流倜傥的事业。

宋朝的皇室还设有一支"皇家足球队"，分成左右军，各有一位领队，叫作"球头"。左军的队服是红锦袄，右军的队服是青锦衣。每逢皇帝寿辰，或者招待外国大使时，通常都要举行皇家足球队的表演赛。赛场设在宴会的大殿门前，由球头分别率领皇家足球队左右军上场较量，以助酒兴。

民间大大小小的足球比赛就更多了。宋朝城市里有许多茶坊、酒肆，如果我们进去喝茶饮酒，就会发现，有些茶坊、酒肆里面，居然有足球表演赛，你可以一边饮酒、品茶，一边观赏比赛。宋朝的瓦舍勾栏里，更是天天都有商业性的踢球表演，你只要掏钱买票，就可以入内观赏。

我们也不要以为，只有男人才踢足球。宋朝的女孩子其实也有喜欢蹴鞠的，也会参加足球比赛。不信？你去读宋朝诗词，准能找到踢足球的女孩身影，比如有一首宋词写道："疑是弓靴蹴鞠，刚一踢、误挂花间。"还有一首宋诗也写道："舞余燕玉锦缠头，又着红靴踢绣球。"写的都是女子蹴鞠。如果我们在宋朝看到一支英姿飒爽的女子足球队，也不足为奇。

由于民间喜欢踢足球的人很多，宋朝社会出现了类似于足球爱好者协会、足球俱乐部的团体，其中最著名的足球俱乐部，叫作"齐云社"。

按《水浒传》的叙述，热爱足球的宋徽宗很可能也是齐云社的成员。我们前面说过，高俅第一次见到宋徽宗时，徽宗尚未当皇帝，还是端王，在园子里踢球。端王叫高俅下场一起踢，但高俅自认为身份卑贱，不敢踢。

高俅："小的是何等样人，怎敢与恩王下脚！"

端王："这是齐云社，名为'天下圆'，但踢何妨。"

高俅："不敢。"

端王："齐云社里不分贵贱，踢吧。"

高俅这才下场。从端王与高俅的这段对话，我们可以知道，齐云社的宗旨之一就是"天下圆"，意思是，在齐云社里，天下人皆为一家人，不分贫富贵贱，你的身份不是王爷，我的身份也不是仆人，大家都是足球运动员，只较量球技，不计较身份。

所以，宋朝的齐云社又名"圆社"。为什么叫"圆社"，不仅是因为足球是圆的，而且还因为齐云社的宗旨是"天下圆"。我觉得这是一种很可贵的足球精神。

齐云社的工作，主要是传授踢球技术、制定蹴鞠规则与礼仪、组织足球大赛等。我们看齐云社给入社成员制定的"十禁戒"："戒多言，戒赌博，戒争斗，戒是非，戒傲慢，戒诡诈，戒猖狂，戒词讼，戒轻薄，戒酒色。"这"十禁戒"非常好，放在今天，也毫不过时，我觉得完全可以抄下来作为今日足球队的纪律。

每年，齐云社都要组织一届全国性的蹴鞠邀请赛，叫作"山岳正赛"，类似于今日的"全国足球超级联赛"。大赛之前，齐云社会给各地的球队发出通知："请知诸郡弟子，尽是湖海高朋，今年神首赛齐云，别是一番风韵。"参赛的球队需要缴纳一定费用，最后的胜出者则可获得奖金，以及一面"名旗"，赢者得名旗下山，输者无旗下山。

这里需要提醒的是，宋朝的足球比赛，球门是设在球场中间的，球门约高三丈，用彩绳结网，留出一个一尺见方的网眼，叫作"风流眼"，球员射球过网眼，则得分。球门设在球场中间，对抗性会减弱，但对技巧性的要求更高。

有网友戏言：但凡球网、球门设在两端的球类比赛，中国队一般都打不赢，比如足球、篮球；而球门、球网设在中间的球类比赛，中国队一定会赢，比如排球、羽毛球、乒乓球。这是网络段子，当不得真，不过有时候我会心想，假如1000年前就有"世界杯"，冠军一定会是咱们宋朝队。不服，来试试？

捶丸：宋人也玩"高尔夫球"

明代小说《金瓶梅》里有一个细节，说的是，有一天，西门庆与潘金莲正在房里休息，婢女春梅推门进来："老爷，那个帮咱家看祖坟的张安来找您说话哩。"

西门庆："拿衣给我穿，我去见他。"

潘金莲问："张安来说什么话？"

西门庆："张安前日来说，咱家祖坟隔壁赵寡妇家的庄子连地要卖，叫价300两银子。我只还她250两银子，让张安和她讲价去。若买成这庄子，展开合为一处，里面盖三间卷棚，三间厅房，叠山子花园、射箭厅、打球场，咱们有个耍子去处，破使几两银子收拾也罢。"

原来西门庆想将赵寡妇家的庄子买下来，在那里修建花园、射箭厅、打球场，多一个玩耍的去处，所以叫张安去跟赵寡妇家还价。西门庆说的打球场，打的究竟是什么球？不是篮球，不是网球，也不是马球，是一种与今天的高尔夫球非常相似的球类。

什么？西门庆打"高尔夫球"？高尔夫球不是起源于欧洲的苏格兰吗？哈，西门庆要玩的是一种类似于高尔夫球的运动，叫作"捶丸"。捶丸运动兴起于宋朝，盛行于元朝。

有一些研究者认为，元朝时候，游历中国的意大利商人马可·波罗将捶丸带回欧洲，最后演变成高尔夫球。当然，高尔夫球到底是不是发源于中国，专家学者还有争议，我们不必掺和这种争论，只来说说宋朝人是怎么玩"高尔夫球"的。

元世祖至元十九年（1282），一位题其书房为"宁志斋"的老人编写了一本捶丸指南书，叫作《丸经》，换成现在的说法，相当于"高尔夫球入门教程"。根据这本《丸经》的介绍，捶丸的球，通常是木头做的，以结成胶状的树瘿为佳，也有陶瓷制作的。不管是瓷球，还是木球，大小均如成年人的拳头，与现代人玩的高尔夫球差不多。今天，我们在一些博物馆，还可以看到不少出土的宋朝捶丸瓷胎球。

宋朝捶丸的球棒，形状也与高尔夫球杆相似，由笔直的棒柄与弯曲的棒头组成，棒柄通常为竹制，棒头为硬木，裹以牛皮。打过高尔夫球的朋友应该知道，高尔夫球杆不是一件，而是一套，包括打远球的木杆、打球上果岭的铁杆、打飞球的挖起杆、打球入洞的推杆。捶丸的球棒也是一套，有扑棒、杓棒、撺棒、单手、鹰嘴等等，名目多样。不同的球棒，可以发挥不同的作用，比如：扑棒"能飞不能走"，适合打远球，不适合打近球，相当于高尔夫球的木杆；撺棒"能走，能飞"，既能打推杆，也能打远杆，但不容易学。

捶丸通常都是在室外进行，要求场地开阔，地势要"有平者、有凸者、有凹者、有峻者、有仰者、有阻者、有妨者、有迎者、有里者、有外者"。现代高尔夫球场也喜欢建造在这样的地势。捶丸与高尔夫的规则也很接近，都是以击球入洞来计分。高尔夫球的计分基础是杆数，简单地说，就是你打完18个洞用了多少杆，杆数越少，成绩越好。捶丸则以击球入窝者得分，一局为10分，或者15分，或者20分。

高尔夫球是一项绅士运动，宋朝的捶丸也是。《丸经》特别强调了捶丸的绅士风度："捶丸之式，先习家风，后学体面。折旋中矩，周旋中规。失利不嗔，得隽不逞。若喜怒见面，利口伤人，君子不与也。"

总而言之，一个现代的高尔夫爱好者如果穿越到宋朝，看到宋朝人捶丸，或者一个宋朝人穿越到现代，看到今人打高尔夫球，一定会感到很亲切，有一种似曾相识的感觉。

宋朝的皇家、士大夫乃至一部分平民，都喜欢打"高尔夫球"，也

明杜堇《仕女图》中妇女捶丸情景，上海博物馆藏

就是捶丸。《丸经》提倡说："天朗气清，惠风和畅，饫饱之余，心无所碍，取择良友三三五五，于园林清胜之处，依法捶击。"这是人生一大乐事。

贪玩的宋徽宗，以及宋徽宗的铁粉、金国的章宗皇帝，都是捶丸高手。作为帝王，他们的捶丸装备无疑是最豪华的。如果他们碰面，也许会交流交流捶丸的设备，我们想象一下这个场面。

宋徽宗："古人说，工欲善其事，必先利其器。要打好捶丸，先要有一副好球具。"

金章宗附和："有道理。"

宋徽宗："最好的球丸，要用瘿木制造，瘿木坚牢，可久用而不坏；球棒要在冬天制作，冬天做成的球棒才结实。我有一副球棒，'碾玉缀顶，饰金缘边'，很好用。"

金章宗："是啊，回去我也要打造一副这样的球棒。"

宋朝的神宗皇帝也喜好捶丸。有一次，神宗皇帝与两位亲王在禁宫里捶丸。

神宗："捶丸总得有点彩头，才够刺激。咱们赌点什么，打输的掏一百两银子如何？"

一位亲王："我不与官家赌财物。"

神宗："那赌什么？"

亲王："臣等若是赢了，请官家罢了新法。"

当时，宋神宗与王安石正雷厉风行实施变法，引来保守派的反对，那两位亲王正是同情保守派的贵族，所以才向神宗提出这样的要求。但将治国的政策拿来当打球的赌注，这很荒唐，所以神宗皇帝并没有答应。

不过，这个小故事告诉我们：宋朝人捶丸，通常是有彩头的，赢家可以拿到彩头。《丸经》提到过，一场球，彩头是多少钱，要量力而为，富人多掏点钱，穷人少掏一点儿。

宋朝人爱打"高尔夫球"，流风所及，连女性与儿童也喜欢捶丸。当然，女孩子与小朋友力气小，捶丸所用的球会更小巧一些，场地也不需要那么大，在庭院里便可以玩。明代画家杜堇画有一幅《仕女图》，里面有个场景，一群古代仕女在打"高尔夫球"；宋人画的《蕉阴击球图》，则画了两个小朋友在庭院里练习捶丸。

有些宋朝小朋友由于贪玩"高尔夫球"，耽误了学习，让家长很是头痛。范仲淹有一个外甥，叫滕元发，人很聪明，也很调皮，和现在

宋佚名《蕉阴击球图》，北京故宫博物院藏

的熊孩子一样，爱打球，不爱读书。范仲淹将滕元发当成儿子看待，对他很严格，督促他学习，不准他打球，但滕元发并不听话。

有一次，滕元发又逃课不上学了，跑到外面打"高尔夫球"。范仲淹得知后，大怒，叫人将滕元发玩的球都取出来，全部砸碎。仆人用铁锤砸球，谁知球很硬，没有砸碎，被铁锤一击，反弹起来，正弹中仆人的额头，痛得仆人抱头大叫。滕元发在旁边看着，幸灾乐祸地说："快哉！快哉！"

范仲淹对这么一个熊孩子，很是忧虑，担心他不成器。不过，在范仲淹的管束下，滕元发后来两次考中探花，三次担任开封府知府。

范仲淹砸球的故事告诉我们：打"高尔夫球"虽然是人生乐事，但也不能因为打球而耽误了正经事。

相扑：宋时的全民运动

相扑是今天日本的国技，但在 1000 年前，相扑则是我国宋朝的国技，风靡一时。

宋朝人是怎么玩相扑的呢？《水浒传》里有一位踢足球的高手，名叫高俅。其实，除了会踢球，高俅也是一位相扑的好手。《水浒传》是这么介绍他的："这人吹弹歌舞，刺枪使棒，相扑顽耍，颇能诗书词赋。"高俅文武双全，能写诗，也会相扑。

《水浒传》还写道：高俅率领官兵出征梁山泊，结果被梁山好汉生擒上山。不过，梁山泊的一把手宋江因为一心想招安，没有为难高俅，而是杀牛宰马，大摆宴席，盛情款待高太尉。席间，梁山的大小头领轮番把盏，殷勤劝酒。高太尉喝多了，有些醉意，舌头也大了起来，吹嘘他自小学得一身相扑本领，天下无对手。

梁山的二把手卢俊义也喝醉了，听不惯高俅自夸天下第一，便指着燕青跟他说："我这个小兄弟，也会相扑，三番上岱岳争跤，也是天下无对手。"

高俅一听，便站起身来，脱了衣裳，要与燕青较量。众首领也站起来起哄："好，好！且看相扑！"

众人在梁山的忠义堂铺了地毯，燕青与高俅在喝彩声中，一齐站上地毯，拉开架势。高俅想先下手为强，向燕青扑来，燕青一把扭住，借力一摔，一下子就将高俅摔在地毯上，半晌爬不起来。宋江、卢俊义慌忙扶起高俅，请他穿了衣服。

宋江说："太尉醉了，如何相扑
得成功？燕青不识好歹，请太尉恕
罪！"说完，两人就扶着高俅入席喝
酒，饮至夜深，才扶入后堂歇了。

高俅与燕青较量相扑，输了，但
我们不能说高俅的相扑功夫不行，因
为高俅毕竟年纪大，又喝醉了，力量
与灵敏度都要打一个折扣。更何况，
在水浒世界里，要论相扑，燕青可是
第一高手，打遍天下无敌手，高俅输
在他手里，不冤。

高俅、燕青比赛相扑的故事，当
然是小说家的虚构，但宋朝人确实喜
欢相扑。跟蹴鞠一样，相扑也是宋朝
的一项全民运动，不管是官方，还是
民间，不管是上层社会，还是下层社
会，都流行相扑。

宋朝的皇室设有"皇家相扑队"，
相扑手一共有 36 人，是从御前侍卫
中挑选出来的，都是臂力过人的大力
士。他们的任务之一，就是在皇家庆
典上表演相扑赛。南宋诗人杨万里有
一首诗写道："广场妙戏斗程材，未
得天颜一笑开。角抵罢时还罢宴，卷
班出殿戴花回。"诗中的角抵，就是
相扑。诗人参加了皇家宴会，在宴会
上观看了一场精彩的相扑表演，回家

陕西历史博物馆收藏的宋代相扑陶俑浮雕砖

便写了这首诗。

宋朝的民间也有大量的职业相扑手。他们活跃在瓦舍勾栏里，为观众表演相扑。这是商业性质的相扑表演赛，你想入场观看，需要掏钱购买门票。

我们在《武林旧事》《西湖老人繁胜录》等宋人笔记中可以看到相扑手名单，都是南宋时在临安瓦舍中表演相扑的明星高手。大伙儿看看他们的名号：撞倒山、铁板沓、曹铁拳、韩铜柱、宋金刚、赤毛朱超、杨长脚……光看名字，我们便可以想象这些相扑手的特点：身材魁梧、力气巨大、动作迅猛。

除了职业性的相扑手，宋朝民间还有更多的相扑爱好者，他们与发迹前的高俅一样，爱好相扑，也练过相扑技巧，但不是以相扑为职业。这些相扑爱好者有自己的团体，叫作"相扑社""角抵社"。在宋朝，这一类结社是很常见的：喜欢踢足球的，可以加入齐云社；喜欢打马球的，可以加入打球社；喜欢写诗的，可以加入诗社；喜欢刺青的，可以加入锦体社；表演皮影戏的，可以加入绘革社；热爱慈善的，可以加入放生会。一群热衷于炫富的贵妇人，也可以组织一个"斗宝会"，这些贵妇人有钱有闲，信佛，所以经常组织起来，聚在一起诵佛经，她们参加聚会时，每一个人都穿戴着名贵的珠翠珍宝首饰，诵经之前，先比比谁身上的首饰更名贵更漂亮，所以人们称她们的聚会为"斗宝会"。哎，听着怎么觉得怪怪的？

这么多团体，如果让你选，你会选哪一个呢？还没想好也没关系，不如就先跟我去参观一场精彩的相扑比赛吧。

宋朝的相扑还有全国性的比赛，叫作"露台争跤"。全国性的露台争跤，包括官方主办的相扑锦标赛，以及民间组织的相扑挑战赛。南宋临安护国寺有一个大露台，就是设来举办相扑锦标赛的，登台竞技的相扑手来自各州郡，都是各地选拔出来的好手。夺冠者可得到奖金、奖杯、锦旗，甚至有可能被提拔为军官。

　　至于民间组织的相扑挑战赛，一般都是在大型庙会中举行，通常由上一届的冠军接受天下相扑好手的挑战，选手来自五湖四海，各个庙会的比赛举办时间互相错开，有些职业相扑手干脆巡回参加比赛，赢取丰厚的奖金。

　　《水浒传》里面，就讲到东岳泰山庙会的相扑挑战赛。三月廿八日这天，一大早，偌大一个东岳庙，挤满了香客，连屋脊上都是等着看相扑的人。庙外早已搭好了擂台，擂台旁边又有一个山棚，棚上都是金银器皿、锦绣缎匹，拴着五头骏马，全副鞍辔——这些都是奖励给相扑冠军的利物（竞赛的奖品、彩头）。

　　主持这次相扑挑战赛的裁判员是一位老头，他上了擂台，先拜过东岳神，也就是泰山圣帝，再请出前两届东岳相扑的冠军，一个外号叫"擎天柱"、姓名叫任原的江湖好汉。

　　老裁判说："各位来宾，各位朋友，各位香客，各位好汉，大家好！岱岳争跤马上就要开始了。掌声有请前年、去年的冠军，任原任教师！"

　　只见二三十对花胳膊的汉子，前遮后拥，簇拥着任原，登上擂台。

　　任原说："我两年在岱岳，都夺了头筹，白白拿了若干利物。今天必须让大家瞧瞧身手。"说完，任原脱去身上的蜀锦袄子，露出一身矫健的肌肉，台下众人看了，齐声喝彩。

　　老裁判又说："任教师，您两年在岱岳争跤，都不曾有对手，今年是第三番了。任教师可有什么话，要对天下众好汉说的？"

　　任原说："天下四百个州府，七千余个县治，热情的香客恭敬泰山圣帝，赞助了这么多的利物，我任原两年白受了。今年争跤后，我打算辞了泰山还乡，再也不上山来。两轮日月，一合乾坤，南及南蛮，北济幽燕，有敢和我争利物的吗？"

　　任原话音刚落，只见台下一名好汉，飞身抢上台来，引得众人齐声叫好。

老裁判问："这位好汉，你姓甚名谁？哪里人氏？你从何处来？"

来人说："我是山东张货郎，特地来和他争利物。"其实，这个来泰山与任原较量的人，不叫张货郎，而是梁山好汉燕青。他听说任原连续两年在泰山相扑大赛中夺魁，今年又喊出口号："相扑世间无对手，争跤天下我为魁。"燕青心里很不服气，决定去跟任原较量较量。

较量的结果是，燕青使了一个绝招，抢到任原面前，用右手扭住任原的臂膀，探左手抓住任原的裤裆，肩胛顶住任原的胸脯，一把将任原举起来，借力旋转，三旋五旋，旋到擂台边，大叫一声："下去！"把任原直摔到擂台下面。数万香客看了，齐声喝彩。

燕青赢了。

这么精彩的相扑比赛，我都有点想去看看了。不过，宋朝还有比泰山争跤更吸引眼球的相扑比赛，那就是女相扑。

女相扑：敢与男儿争短长

我们上一篇文章讲到《水浒传》里的一场相扑比赛，梁山泊第一相扑高手燕青，与两届泰山争跤冠军任原登台角力。这是男相扑手之间的较量。《水浒传》还写了另一场相扑比赛，较量的一方是跑江湖的好汉王庆，另一方是一个叫段三娘的女子。

原来，王庆与开赌坊的段二郎、段五郎兄弟赌钱，王庆赢了，拿了钱要走，而输钱的段二郎、段五郎不让他走，一言不合，便打了起来。王庆拳脚功夫了得，三拳两脚便将段家兄弟打倒了。这时，人丛里闪出一个女子来，正是段二郎的妹子段三娘。

这段三娘二十四五年纪，长得五大三粗，《水浒传》是这么形容她的："眼大露凶光，眉粗横杀气。……针线不知如何拈，拽腿牵拳是长技。"只见她麻利地脱了罗衫，卷成一团，丢在一个桌上，里面穿着紧身绿短袄，下穿一条紫绸裤儿，踏步上前，要与王庆打架。

段三娘："你这厮不得无礼，有我在此！"

王庆："你是什么人？"

段三娘："老娘叫段三娘。这赌坊就是我开的。"

王庆见她是个女子，有意耍她，便摆开架势，要与她相扑。众人见这边有男女相扑，一齐走拢过来，把王庆与段三娘围在圆圈里，不停地起哄、喝彩："快打！快打！"

段三娘提起拳头，朝王庆打来。王庆侧身一让，段三娘打个空，收拳不迭，被王庆就势扭住，只一跤，就摔翻下来。刚刚着地，王庆又顺手将她抱起来，说道："地上脏，莫污了衣服。"

段三娘有些感激："好拳腿，果然厉害。"

王庆说："娘子休怪俺冲撞。是你自来打俺。"

段三娘与王庆不打不相识，一场相扑，居然让两个年轻人产生了惺惺相惜之情，成了一对情侣。

宋朝真的有会打架的女相扑手吗？

是的。

我们讲过，宋朝城市的瓦舍勾栏中，活跃着一批臂力过人的相扑高手，每天为观众表演相扑。为招徕观众，表演相扑的勾栏通常都会先安排一段女相扑表演，让身材火爆、着装清凉的女相扑手先登场竞技，吸引观众，然后，才是男相扑手的正式表演赛。

如果我们有机会参观宋朝的瓦舍勾栏，应该会听到勾栏伙计这么招揽观众：

"列位看官，女相扑马上就要开场，已买票的看官，请赶紧入场，未买票的看官，请抓紧时间买票！"

"列位看官，今晚登场的女相扑，是嚣三娘对垒黑四姐。到底是嚣三娘拳脚厉害，还是黑四姐技高一筹呢？结果马上知晓，请赶快入场！"

嚣三娘、黑四姐都是宋人笔记记录的职业女相扑手。《武林旧事》等宋人笔记收录的南宋临安女相扑手名单，还有韩春春、绣勒帛、锦勒帛、赛貌多、侥六娘、后辈侥、女急快、赛关索……她们跟男相扑手一样，都以相扑为职业，在瓦舍勾栏中进行商业性的相扑表演赛，并且打响了名头。如果我们有机会穿越到宋朝城市，一定要到瓦舍勾栏中见识一番女相扑。

不仅瓦舍勾栏里有女相扑表演赛，宋朝的宫廷宴会上，通常都要表演杂剧、歌舞、蹴鞠、相扑等文娱节目，其中就有女相扑表演赛。我们看一份南宋后期在宋理宗寿宴上献艺的艺人名单："弄傀儡：卢逢春等六人；杂手艺：姚润等九人；女厮扑：张椿等十人；筑球军：陆宝等二十四人……"这份名单比较长，后面的名字我就不列了。

名单里的"弄傀儡"是木偶戏，"杂手艺"是杂技，"筑球"是踢足球，"女厮扑"就是女子相扑了。登场表演女相扑的，是张椿等十名女艺人。

我们可能很难想象，在宋朝的市民娱乐中心，在朝廷的正式宴会上，居然允许出现多多少少有些辣眼睛的女相扑。难道就没有人看不惯吗？

其实也有宋朝人看不惯女相扑，这个人就是司马光。小时候砸过缸的司马光，长大后，他想砸的是女相扑手的饭碗。这事得从北宋仁宗嘉祐七年，即公元1062年的元宵节说起。

宋朝过元宵节，照例要在皇城外的宣德门广场举行盛大的文娱晚会，供市民欣赏。皇帝也要驾临宣德门楼，观看晚会，与民同乐。在嘉祐七年的元宵晚会上，就有女相扑手表演相扑。文娱晚会结束后，宋仁宗犒赏了参加表演的所有艺人，包括女相扑手。

司马光听说了这件事，很生气，给仁宗皇帝写了一个报告，毫不客气地对皇帝提出批评。当时司马光担任谏官，就是专门给皇帝提意见的。司马光是怎么说的呢？

司马光说："咳咳，臣以为，陛下此举，极为不妥。宣德门是朝廷发布法律政令的地方，皇上在这么严肃的场合，当着皇室后妃、朝廷命妇之面，众目睽睽之下，观看妇人相搏，成何体统？臣有三点建议：第一，如若元宵节在宣德门举行女相扑表演是一直以来就有的旧例，那请皇上将这一惯例废除掉；第二，如若并无旧例，那么请陛下查一查这次是什么人安排了女相扑表演，并重重处罚他们；第三，请皇帝下诏，让朝廷赶快颁布禁令，禁止民间在街市上表演女相扑节目。"

司马光的意见究竟对不对呢？我觉得，他说的第一条有点道理，因为在宣德门这么庄重、严肃的场合，安排女相扑手相搏，让一国之君

明仇英版《清明上河图》中的相扑表演赛

领着一帮朝廷命官、命妇观赏这么俗气的表演，确实不成体统。但他建议朝廷查禁市井间的女相扑，则有点多管闲事。

女相扑不过是市民自发的娱乐活动，虽然有些俗气，但那是小市民的趣味所在，也没有什么危害，朝廷大可不必作出粗暴的干涉。

我们不知道宋仁宗接到司马光的报告后，是何反应。不过，女子相扑在宋朝并没有被禁止，因为南宋时，临安的瓦舍勾栏里，一直都有女相扑比赛，宫廷宴会的节目单中，也有女相扑表演。

宋朝之后，我们在元、明、清三朝都未能找到女相扑的记载，可能女相扑手这一职业已经销声匿迹了。

倒是有一个清朝的小说家，在小说中虚构了一场女相扑比赛：一位姓耿的世家子弟，家中有五房娘子，婢女成群。有一日，那五房娘子游后花园，看到两个婢女在嬉戏厮打，"这个拉倒那个，那个扑翻这个，翠袖缤纷，红裙飘荡，微风吹处，里衣皆见"。耿家娘子看了，议论起来。

一位耿家娘子说："其他使女呢？何不也玩耍玩耍，免得午倦瞌睡。"

另一位耿家娘子说："与其教她们乱打，不如配成对儿，两个彼此相扑。赢的赏花一枝，输的罚她取水浇花。"

第三位耿家娘子说："只闻男子相扑为戏，未见女子有此耍法。这事必须让三娘子来料理，方才妥当。"

于是，耿家三娘子将家中婢女叫到一处，一共有20人，分为左右两队，左队排列在柳树荫中，右队站立在杏花丛里，然后，叫她们成对相扑。

这种与小孩子过家家差不多的相扑，显然与宋朝的女相扑不是同一回事。耿家娘子说"只闻男子相扑为戏，未见女子有此耍法"，有些孤陋寡闻，因为宋朝时，女子相扑是很常见的体育运动，也是市民喜闻乐见的文娱表演。只是后来的人，有点少见多怪了。

瓦舍勾栏：宋人的娱乐中心

"各位街坊，走过路过，千万不要错过。本棚请得教坊丁都赛老师，献演散乐。只演三场，绝不加演。过了这村，便没这店。您走过路过，千万不要错过。"

这是北宋东京城一家瓦舍勾栏的伙计在招揽观众。我们曾经多次提到宋朝的瓦舍勾栏，这瓦舍勾栏到底是什么事物呢？

简单地说，瓦舍就是宋朝城市的市民娱乐中心，相当于今天的大型娱乐城。瓦舍里面，设有酒肆、茶坊、食店、摊铺、勾栏、看棚，市民可以在瓦舍里购物、吃喝、看演出、消磨时光。而勾栏，就是艺人演出的场所，类似于今天的剧院。每天，勾栏里都会上演杂剧、滑稽戏（类似后世的小品）、说诨话（类似后世的单口相声）。除此之外，还有歌舞、木偶戏、皮影戏、魔术、杂技、蹴鞠、相扑等节目。由于瓦舍勾栏里可以吃喝玩乐，所以游人"终日居此，不觉抵暮"，"不以风雨寒暑，诸棚看人，日日如是"。

你若想进勾栏看节目，需要掏一点钱，因为勾栏的表演通常都是收费的。收费分两种方式，一种是收门票，先购票再进入勾栏；另一种是先入场，但在正式表演之前会有专人向现场观众"讨赏钱"。

为招徕观众，勾栏还会在酒肆、茶坊等热闹处张贴"招子"，写明演员名字与献演节目，跟今日剧院贴海报做广告没有什么区别。

在宋朝，瓦舍勾栏可谓遍布天下，几乎每个城市都建造了瓦舍勾栏。北宋东京的瓦舍少说也有近十个，其中规模最大的瓦舍桑家瓦子内设了"大小勾栏五十余座"，而最大的勾栏"象棚"居然"可容数千人"，今日城市的剧场、体育馆，容量也不过如此吧。

南宋临安城内外的瓦舍更是多达二十几个，另有多处独立的勾栏。

其他城市当然也有瓦舍勾栏，比如《水浒传》里的郓城县，也设了一个勾栏。在县衙门当都头的雷横，听说郓城勾栏来了一名女艺人，色艺双绝，叫作白秀英，想去见识一下，便进了勾栏，找了个VIP贵宾席坐下来。

只见一个老头儿，手拿一把扇子，上了勾栏的戏台，先向观众自我介绍："本老汉是东京人氏白玉乔。如今年迈，只凭女儿秀英歌舞吹弹，普天下服侍看官。"

锣声响起，那白秀英也登上戏台，参拜四方："小女白秀英，来自京城，今天在各位看官面前献丑了，还请大家多多包涵。"说完开场白，白秀英演唱了一首曲子，跳了一支舞，"歌喉宛转，声如枝上莺啼；舞态蹁跹，影似花间凤转"。台下观众，不停喝彩："好！好！果然是从京城来的，名不虚传。"

白秀英唱过一曲之后，她的父亲白玉乔又走上台来，向喝彩的观众表示感

山西洪洞县广胜寺的元代杂剧壁画

谢，宣布正式的演出、院本戏即将开始。观众都表现得十分期待。这时候，白秀英拿起一个盘子，走下戏台，请观众打赏。看来，郓城的勾栏并没有实行门票制，而是先来一段热身表演，然后向现场观众讨赏钱，再继续演下去。

县衙门的都头雷横此时就坐在VIP贵宾席上。白秀英讨赏钱，首先走到他的跟前。但悲催的是，那天雷横出门匆忙，忘记带钱了。

白秀英说："请官人赏个茶钱。"

雷横说："哎呀，不巧。今日忘了，不曾带得些出来，明日一发赏你。"

白秀英说："头醋不酽彻底薄。官人坐在首位，当出个标首，给其他看官立个榜样。"

雷横说："娘子误会了，我一时不曾带得出来，非是我舍不得。"

白秀英说："官人既是来听唱，如何不记得带钱出来？"

雷横说："我赏你三五两银子也不打紧，却恨今日忘记带来。"

白秀英说："官人今日一文钱也没有，提什么三五两银子。正是教俺望梅止渴、画饼充饥。"

听到这里，白秀英的父亲白玉乔忍不住发话了："我儿，你自没长眼睛，不看谁是城里人村里人，只顾问他讨什么。且过去问晓事的恩官讨个标首。"

雷横有些生气了："我怎地不是晓事的？"

白玉乔说："你这村夫，若是晓事，狗头上生角。"

雷横受了白玉乔出言侮辱，大怒，一拳一脚，将那白玉乔打得唇绽齿落。白秀英见状，着急了："爹爹，爹爹！你这莽夫，怎么随便打人呢？我要去报官。爹爹，爹爹。"

白秀英气不过，告到官府，把雷横送入监狱。雷横最后之所以上了梁山，追溯起来，就是因为他到勾栏里看演出没带钱。你看，逃票的后果是多么严重。

河南禹州市白沙宋墓的伎乐演出壁画

　　郓城是小地方，勾栏里平时也没什么明星艺人，所以，从东京城来了一个白秀英，才会引起轰动。白秀英要是在东京的瓦舍勾栏里，恐怕就是不显眼的小角色罢了，因为京城的瓦舍勾栏，一般都有演艺圈的明星大腕入驻。

　　瓦舍勾栏若是请到知名艺人献演，当然要大打广告，招揽观众。有一首元曲，题目叫作《庄家不识勾栏》，写了东京城内有一家勾栏，请到了当时著名的艺人刘耍和来演出，所以四处贴出广告单，打出"敷演刘耍和"的广告词，换成现在的说法，差不多就是"主演刘德华"的意思。

　　有一个庄家，即种田的庄稼汉，进城买祭神用的蜡烛纸钱，经过这个勾栏，看到门前围了一大堆人，一个伙计站在大门口，高声吆喝："看官，里面请！刘耍和献演，很快就满座，迟了无处停坐。"

这庄稼汉听了，很是心动，心想自己大半辈子都不曾入过勾栏，好不容易进城一趟，还赶上了刘德华，哦，不对，还赶上了刘耍和的表演，怎能错过？便掏钱买了门票，入了勾栏看表演。

当天，这勾栏上演的节目是两部杂剧，上半场演《调风月》，下半场才是刘耍和主演的另一部杂剧。庄稼人看了上半场的《调风月》，被逗得哈哈大笑，但后半场由名角刘耍和主演的压轴戏却未能看到，因为他一时尿急，想忍，却未能忍住，只好跑出勾栏，那个狼狈的样子，还遭到身边的观众嘲笑。

北宋东京、南宋临安的瓦舍勾栏，因为地处都城，还能邀请到教坊艺人来表演。教坊，是皇家艺术团。教坊艺人，就是在御前表演节目的顶尖艺人，他们的表演艺术水准当然是最高的。不过，京城的市民也有机会欣赏到他们的表演，因为这些御前艺人有时候也会到瓦舍勾栏"走穴"。

北宋后期，有一个名噪一时的教坊艺人，叫作丁仙现，擅长演滑稽戏，常常在表演中拿高官开涮，连宰相王安石都被他拿来开涮过。有一次，宋神宗过生日，教坊演杂剧祝寿，丁仙现即兴表演了一个节目，饰演一名僧人，说："我，本事很大，能灵魂出窍，神游天庭、地府。"宋代的滑稽戏有点像今天的对口相声，丁仙现的角色好比是相声的逗哏。

另一名艺人则扮演捧哏的角色，问道："那你都能看见什么呀？"

丁仙现："最近，我神游地狱，见到阎罗殿侧有一个人，手里拿着一幅图卷，仔细一看，这人原来是都水监的侯叔献。我悄悄问左右，他拿的是什么？"

捧哏："到底拿的是什么？"

丁仙现："他们回答我：'侯叔献认为奈何桥下的河水太浅，所以献上水利图，建议阎王爷修整河道。'"

众人一听，会心大笑。原来，这侯叔献是都水监长官，是王安石的得力助手，刚刚去世，他生前在王安石的支持下，大兴水利工程，引汴水入蔡河，虽使航运畅通，但工程劳师动众，百姓深受其苦。丁仙现讽刺他"兴水利以图恩赏"，恶有恶报，死后下了地狱。这个丁仙现，简直太大胆了。

丁仙现偶尔也到京城的瓦舍勾栏演出。他的演出，总是一票难求；他一登台，粉丝们就会发出疯狂的尖叫："丁大使！丁大使！丁大使！丁大使！"

我们不要以为今天才有流量明星，宋朝的瓦舍勾栏里，最不缺的就是流量明星。

第六辑 在途的风景

宋人热爱旅游。寄情于山水的士大夫自不待言，寻常百姓也有出游的兴致，甚至穷人也热衷于游玩：「至如贫者，亦解质借兑，带妻挟子，竟日嬉游，不醉不归。」据说现在「贷款旅游」是时尚新潮，殊不知南宋的临安人早就这么玩了。因为旅游业的兴起，宋代还出现了职业导游以及旅游地图，方便人们来一场说走就走的旅游。

皇家园林任游赏

北京有一个公园，叫颐和园，相信许多朋友都游过。我也去过颐和园，感觉园里的昆明湖很大，万寿山的宫殿也挺气派，但道路、走廊却很窄小，游客稍多就显得十分拥挤。特别是临水的苏州街，只容两个人错身而过，稍不小心，便可能掉进河里。

为何会这样？因为颐和园原本是一个皇家园林，是游客的禁区，在里面生活的人并不多，除了皇家，就是一些宫女、太监。因此，路不需要那么宽。当初造这个园子的乾隆皇帝从未想过，有朝一日会有那么多人涌进来游园，因为他建造的是皇家禁苑，不是城市公园。直到民国时，颐和园才辟为国家公园。

也就是说，生活在清朝的一般平民，是不允许进入颐和园游赏的。但是，对于生活在宋朝的市民来说，他们每一年都可以到东京城的皇家园林尽情游玩，因为宋朝的一部分皇家园林是定期向公众开放的，这叫作"开园"。开园的时间，为每年的三四月份。

开园之前，大约二月下旬，宋朝官府就会贴出告示："三月初一，金明池、琼林苑等皇家园林将会准时开放，欢迎各位市民前往游览；官员若不碍公务，也准许游园。"

宋朝不但开放一部分皇家园林，而且，为了让市民玩得尽兴，开园期间，官府还会在金明池内举行盛大的水上文娱会演，节目丰富，有水师演习、水上杂技、水上木偶戏、游泳比赛、跳水表演、赛龙舟等等，游客不但可以游览皇家园林的湖光山色，还能欣赏到精彩的文娱表演。

春天游皇家园林便成了宋朝开封府的一大民俗，元宵节刚过，市民已在盼望着皇家园林开园，等到了开园之日，连住在乡下的村姑都纷纷赶往东京城，要游金明池、琼林苑。当时，东京城郊流行一首民谚说："三月十八，村里老婆风发。"为什么会意气风发？因为可以游皇家园林了。

如果我们是生活在北宋京城周边的人，每年暮春，想必都会听到这样的对话——

村民某某："老婆子，你打扮得这般花枝招展，难不成犯花痴了？"

村民的老婆："老头子，你忘了，今天是三月十八，皇家金明池与琼林苑早就开园了，张大娘子、刘大娘子、吴大娘子昨天都进城了，你不去看看吗？"

村民某某："金明池年年都开园，你年年都去，我看金明池里的鱼都认得你了。"

村民的老婆："我说老头子，前年游金明池，没看到大龙舟竞标；去年游金明池，只游了一天，你就吵着要回家，你现在还好意思说？今年我要是没玩个够，你就甭想我回家。"

村民某某："年年都看金明池，我都看烦了。"

村民的老婆："好哇，你天天都看我，是不是也看烦了？"

村民某某："唉，那怎么会呢……"

此时，皇家金明池内，已经热闹非凡，游客如织，哪怕是下雨天，也是人潮涌动。金明池东岸尤其喧闹，因为精彩的水上文娱会演就在池的东南部。精明的商家早早在东岸搭满了帐篷，然后租给看水上表演的游客；东岸临水大街的建筑物，全被商家承包下来，用来开设商铺、茶坊、酒馆、食店、艺人勾肆。各店家的伙计都在招揽生意——

"各位，您走过路过，千万不要错过。请进来瞧一瞧，看一看，全场大甩卖，一件只要10文钱，一件只要10文钱。"

宋张择端（题签）《金明池争标图》，作者有争议，天津博物馆藏

"客官，进来歇歇脚，小店茶汤，一碗5文钱。"

"客官，小店美酒名叫'胜茶'，每日只供应50坛，卖完即止。"

更有意思的是，在金明池东岸的商业街中，还有类似于银行营业点的质库，专为游客提供小额的抵押贷款："钱家质库，现金十足，超低利息，三天免息。"你游皇家园林，如果身上没带那么多的现金，但你又想购物，又要喝酒，怎么办？好办，你找一家质库，向他们贷款就行。

金明池的西岸比较荒凉，游人稀少。不过，聪明的宋朝商家自有招徕顾客的妙招：他们推出"有偿钓鱼"的经营项目。《东京梦华录》记载说："其池（金明池）之西岸，亦无屋宇，但垂杨蘸水，烟草铺堤，游人稀少，多垂钓之士，必于池苑所买牌子，方许捕鱼。游人得鱼，倍其价买之，临水斫脍，以荐芳樽，乃一时佳味也。"我们且根据这段记述演绎一段商家招揽顾客的对话——

商家："金明池西，最宜钓鱼，欢迎各位来这里垂钓。"

游客："谁都可以在这里钓鱼？"

商家："娘子，您要先买一块牌子，才可以钓鱼。一块牌子50文钱。"

游客："哎呀，不知金明池还能钓鱼，没带钓鱼竿来。"

商家："这位娘子，敝处有钓具，一应俱全，免费供应，另有茶水侍候。"

游客："钓鱼钓鱼，钓不上鱼，觉得没乐趣；但若钓上了，这鱼又不知如何处理。"

商家："娘子您只管钓鱼，钓上了，您只要掏一点工钱，敝处帮您现场杀鱼，做成美味的刺身，把酒临风，临水斫脍，这可是人生莫大的享受啊。"

游客："有意思，有意思。给我一块牌子，我要钓鱼。"

因为金明池十分热闹，游人络绎不绝，里面不乏年轻的红男绿女，似乎特别容易发生爱情。还真是的。游过金明池的王安石写过一首诗，回忆金明池畔的春色撩人："临津艳艳花千树，夹径斜斜柳数行。却忆金明池上路，红裙争看绿衣郎。"女孩子趁着游园的机会，嬉嬉闹闹，眼睛偷偷看着路上的帅哥，若那男的有意，也多瞅了女孩子儿眼，眉目传情，爱情便发生了。

宋话本《金明池吴清逢爱爱》便讲了一个发生在北宋金明池的爱情故事。

东京开封府有个小员外，叫吴清，是个风流浮浪之人。这一日，他与两个朋友同游金明池，只见园里桃红似锦，柳绿如烟，花间粉蝶双双，枝上黄鹂两两，踏青士女纷纷至，赏玩游人队队来。在熙熙攘攘的人流中，吴小员外看到一群女孩子，如百花斗彩，万卉争妍，其中有一位身穿杏黄衫子的小娘子，刚刚十五六岁模样。吴小员外见了，便如被勾走魂魄一般。

次日，为见那名小娘子，吴小员外又约了朋友，再游金明池。吴小员外在游人中往来寻觅，却怎么也寻不着昨日的小娘子，心中闷闷不乐。朋友提议说，不如找个地方喝杯小酒。他们在金明池畔找了一家小酒肆，上前问道："店家，有人在吗？"

只见里面走出一个十五六岁、长得像花朵般娇艳的小娘子来，正是昨天吴小员外遇见的女子。原来这家小酒肆，就是她家开的。吴小员外上前搭讪，那女孩子见是年轻的小伙子上门喝酒，心里也很高兴，笑吟吟地给他们倒酒。

正当这个时候，却听得门外驴儿蹄响，车儿轮响，是小娘子的父母回来了。吴小员外不敢再与小娘子说话，付过酒钱，怏怏而回。

次年春天，金明池又开放了。吴小员外来到那家小酒肆，却见门户萧然，里面只有一个老头子、一个老婆子。吴小员外上前行礼："丈人您好，有酒请打一角来。"

老头子赶紧招呼客人："客官请坐。"

吴小员外又问："丈人，去年到此，只见有个小娘子量酒，今日如何不见？"

那老儿听了，两行泪下："复官人，老汉姓卢，官人所见量酒的，是老拙女儿，小名爱爱。去年今日，不知何处来三个轻薄男子，和她吃酒，老拙责备了她两句言语，不想女儿性子硬，不思饮食，数日便去世了。这屋后小丘，便是女儿的坟。"

这是一个悲伤的故事。如果故事就这么结束，就没有爱情了。故事没有结束：再说吴小员外从金明池回家，一路感伤不已。这一日晚上，卢爱爱出现在他的梦中，让他到褚家庄的褚老员外家求亲。

吴小员外到了褚家，才发现褚家的女儿，相貌长得很像去年他在金明池遇见的杏黄衫女子，而且，她的芳名也叫爱爱，去年清明前二日，曾入城探亲，穿着杏黄衫，到金明池游玩过。

吴小员外与褚爱爱成亲后，朋友说："此段姻缘乃卢爱爱成就，不可忘记她的功劳。"吴小员外夫妇觉得有道理，即日又到金明池卢家酒店，拜认卢老汉夫妇为岳父母，请高僧为卢爱爱做了七天法事。夜里，又梦见卢爱爱来道谢。其后，吴小员外与褚爱爱百年偕老。

1000年前的宋朝人，可以去逛皇家园林。今天，我们可以游颐和园，等到天气暖和了，要不要一起去走走？

私家名园不闭门

南宋著名诗人陆游一生写过无数首诗歌，流传至今的诗词就有近万首。其中，最触动我心弦的一首词，是他的《钗头凤》："红酥手，黄縢酒。满城春色宫墙柳。东风恶，欢情薄。一怀愁绪，几年离索。错，错，错！　　春如旧，人空瘦。泪痕红浥鲛绡透。桃花落，闲池阁。山盟虽在，锦书难托。莫，莫，莫！"

这首伤感的《钗头凤》是陆游写给前妻唐琬的伤心之作，诉说了一个缠绵悱恻的爱情故事。怎么回事呢？

陆游与唐琬是姑表兄妹，从小青梅竹马，长大了又结为夫妻。婚后，小夫妻很恩爱。然而，陆游母亲对儿媳却很看不惯，经常指责唐琬。最后，她还要求陆游与唐琬离婚。陆游是个"二十四孝"般的儿子，在母亲的压力下，只好给了唐琬一纸休书。

离婚之后，唐琬改嫁宗室子弟赵士程。南宋绍兴二十五年（1155）春，陆游游绍兴沈氏园，没想到，在园里竟然遇到了唐琬与她的丈夫赵士程。史料对陆游与唐琬、赵士程偶遇过程的描述比较简略，不过我们可以展开想象力，演绎他们邂逅的情景——

陆游："琬、琬儿……表妹，赵夫人，你们也来游园……"

唐琬："表哥，好久不见。"

陆游："真没想到，能在这里遇见你们。"

唐琬向赵士程介绍陆游："士程，这位是陆游陆大官人。"又向陆游介绍赵士程："表哥，这位是拙夫赵士程。"

明仇英《独乐园图卷》（局部），美国克利夫兰艺术博物馆藏

　　赵士程："陆兄，久仰了。娘子经常说起你。"

　　陆游："赵兄，幸会幸会。"

　　唐琬："士程，我们走吧，不要打扰表哥游园了。"

　　赵士程："琬儿，今日难得一见陆兄，不如，我们就请陆兄喝杯酒。你将我们这次带来的黄縢酒取出来，我与陆兄不醉不归。哈哈。"

　　唐琬："表哥，我敬你一杯。"

　　陆游："我也敬赵兄与表妹一杯，祝你们百年好合。"

　　赵士程："陆兄，来来来，再喝一杯。"

　　陆游："多谢赵兄美意，我恐怕不胜酒力。"

　　唐琬："士程，表哥好像喝多了，不如我们……"

　　赵士程："琬儿，莫急。陆兄，平时经常听琬儿说起，说陆兄平日最爱喝酒，再喝一杯又有何妨。"

　　唐琬："士程……表哥……唉。"

　　陆游看着眼前的唐琬，已嫁作他人妇，心中愁闷，酒入愁肠愁更愁，几杯酒下肚，有些醉意，胸中块垒无从排遣，便乘着酒意，提起笔来，在沈氏园的墙壁上，题下这首《钗头凤》。唐琬不胜伤感，也和了一首《钗头凤》。沈氏园一别未几，唐琬便郁郁而终了。真是可叹。

陆游遇见唐琬的沈氏园，如今是浙江绍兴的一处著名景区，园内墙壁上还有陆游题写的《钗头凤》——当然，那不是陆游的真迹，而是后人写的。

而在800年前，沈氏园是一处私家园林，大概造园的主人家姓沈，所以叫"沈氏园"，又称"沈园"。陆游因思念前妻，多次游沈园，也写过好几首沈园诗，表达他对唐琬的深切怀念。

沈园是私家园林，为什么陆游可以想来就来呢？这是因为，宋朝的私家园林有着向公众开放的惯例，园主人拥有一处漂亮的园林，会非常欢迎大伙儿进去参观。如果园主人将园子锁起来，不让外人游赏，那是会遭人笑话的。

北宋东京市民有"探春"的习俗。元宵节过后，宋人会趁着春光，出城游春，东京城郊，百里之内，并无闲地，全是私家园林，这些私园全都"纵游人赏玩"。

南宋临安市民同样保留着"探春"的习俗，西湖畔也有非常多的私家园林，这些私园也都"放人游玩"，其中的蒋苑使园圃，占地面积不大，但造景十分精致，不但有亭台花木，园主人还在旅游旺季举办斗鸡、蹴鞠等活动，设立跳蚤市场，以娱游人，跟现代的城市公园实在没什么差别。

宋时，洛阳的园林更是驰名天下，宋人是这么形容的：洛阳"贵家巨室，园圃亭观之盛，实甲天下"。李清照的父亲李格非写过一篇《洛阳名园记》，收录了洛阳名园19处，这些名园，基本上都是私家园林。

洛阳还有一样东西名扬天下，那就是牡丹。洛阳名园多种植牡丹，春时牡丹盛放，满城花香，前往洛阳逛名园、赏牡丹的游客络绎不绝，那个热闹的场景，就如今天，每逢春季，总是有无数年轻人涌往武汉大学观赏樱花。武大樱花是免费开放给游客观赏的，宋朝的洛阳名园，也是向公众开放的。北宋有一位大学者，叫作邵雍，写过一首诗，题目叫《洛下园池》，诗是这么写的："洛下园池不闭门，洞天休用别寻春。纵游只却输闲客，遍入何尝问主人。"意思是说，洛阳的私家园林都不关门，任人入园寻春，连园主人是哪位都不用问，完全不必担心会被园主人赶出来。

那么，宋朝人到别人家的私园里游玩，用不用掏钱买门票呢？有一些私家园林确实是要收费的。北宋末，有一个叫朱勔的大奸臣，在苏州修建了一个超豪华的私家花园，里面种植牡丹数千株，每至花季，老朱都会让园丁打开大门，放人入园赏春。不过，男性游客入园，每人要交20文钱。女性与儿童入园免费，不但免费，还有酒食相待、礼品相送，礼品就是发簪、耳环之类。这么好的园林，我都想去瞧瞧。

更多的宋朝私家园林，是免费开放给游客游览的。北宋大学者司马光，在洛阳造了一个私园，名字叫"独乐园"，但这个独乐园其实是"众乐园"，因为它也是免费向公众开放的。

当然，游客如果觉得这么漂亮的一个园子，来白游白玩很不好意思，也可以给看门的园丁一点小费，叫"茶汤钱"，不论多少，随意。帮司马光看守独乐园的园丁，每逢旅游旺季，也能收到不少茶汤钱。按照洛阳惯例，园丁得到的小费，一半归园主人，一半归自己。

有一日，园丁告诉司马光："司马相公，本月游客给的茶汤钱，一共有20贯，我留下了10贯，这10贯是您的。"

司马光说："哎呀，这都是游客送你的小费，我怎么能要？你拿着就好。"

园丁说："司马相公，按洛中惯例，我只能拿一半茶汤钱。不是我的，我不能要。"

司马光说："不不不，这些钱都是你的。"

司马光坚决不收茶汤钱。过了一段时间，他在独乐园里见到一个新修建的井亭，就是盖在水井上的小亭子。询问园丁，才知道园丁用那10贯钱，给独乐园修了一个井亭。宋朝的一贯钱，相当于我们现在五六百元，10贯就是五六千元。

因为宋朝的私家园林是开放的，所以陆游与唐琬才可以到沈园春游，两人才会在园中相遇，这才有了那首打动人心的《钗头凤》。

不过，发生在宋朝私园里的邂逅，也不尽然都是《钗头凤》这样的伤心故事，也有很暖心的爱情。让我再讲一个故事：

洛阳有一个读书人，姓张名浩，20岁了，尚未婚配，父母逼他去相亲，他说："大凡百岁姻缘，必要十分美满。我如未遇意中人，宁愿孤老终身。"

张浩家也有一座园林。这一日，他游自家园林，在园中宿香亭遇见一名年轻女子，长得花容月貌。张浩有一种似曾相识的感觉，情不自禁，走过去施礼，那女子也敛衽答礼。

张浩说："敢问小娘子是谁家娘子，因何到此？"

那女子说："妾身是君家东邻莺莺，听闻君家牡丹盛开，故而到此一游。"

张浩说："敝园荒芜，不足寓目，幸有小馆，欲备肴酒，以尽地主之谊，如何？"

莺莺说："妾身这次游园，其实也是想见君一面。"

原来，莺莺是张浩邻居，幼时与张浩青梅竹马，只是长大后，拘于礼法，两人未再见面。莺莺对张浩倾慕已久，这次便趁着赏春的机会，到张家园林赏牡丹，希望能在园中见情郎一面。果然，两位有情人在园中遇见了。于是，他们在宿香亭下，立下山盟海誓，成就了一段姻缘。

张浩抱得美人归，应该要感谢宋时私家园林对外开放的传统，因为私园对外人开放，莺莺能够入园游赏，才有机会与意中人在园中邂逅。想想，也真的是挺美好的。

钱塘江边观大潮

假如你是一个爱旅游的宋朝人，准备来一次"想走就走的旅行"，那我建议，如果是春天，你可以到东京游览皇家园林，或者到洛阳逛名园、赏牡丹。如果是秋天呢，必须到临安观看钱塘江大潮啊。

我想，今天许多朋友应该也看过钱塘江大潮，因为每年的中秋节前后，都有数以万计的游客前往浙江海宁观潮。几年前我也在海宁看过一次，江潮浩浩荡荡、席卷而来的壮观场面，以及带给我心头的巨大震撼，实非言语所能形容，只能感叹大自然的造化。

和我们一样，宋朝人也有八月观赏钱塘江大潮的习惯。观看钱塘江大潮的最佳时间，是农历八月十五至十八。每年八月份，钱塘江开始怒潮澎湃，从十一日开始，便有成群的观潮客慕名而至，到了十八日，临安人更是倾城而出，车马纷纷，都是出城观潮的人。

宋朝人观赏钱塘江大潮，不用跑到海宁，因为宋朝时，观潮的最佳地点，是临安的凤凰山一带，随着地理的缓慢改变，到明朝时，海宁才成了观潮的胜地。

尚未看过钱塘江大潮的朋友，不妨先听听宋朝人周密在《观潮》中的描述："方其远出海门，仅如银线；既而渐近，则玉城雪岭际天而来，大声如雷霆，震撼激射，吞天沃日，势极雄豪。"

《水浒传》小说里，从未见过海潮的鲁智深，在钱塘江边的六和寺歇息，半夜里突然听见潮声雷响，还以为是战鼓响起，敌人来袭，急忙从床上跳起来，抄起禅杖，大喝着抢出来，准备迎敌。六和寺的僧人被鲁智深吓了一跳，赶紧拉住他："师父赶出何处去？"

鲁智深："洒家听得战鼓响，待要出去厮杀。"

众僧："师父错听了，那不是战鼓响，而是钱塘江的潮信响。"

鲁智深："为何唤作潮信响？"

众僧推开窗户，指着潮头叫鲁智深看，说道："这潮信日夜两番来，不违时刻。今朝是八月十五日，合当三更子时潮来。因为从不失信，所以称为潮信。"

今天，你在海宁看到的钱塘江潮信，也是如此壮丽，准时而来。不过，宋朝人还能看到我们今人看不到的一幕：每当钱塘潮信来时，总有一批吴越勇士，披头散发，手持彩旗，出没于潮头。这叫作"弄潮"，是宋朝临安的独特风俗。

如果说，钱塘江大潮是大自然的造化，震撼人心，那么，弄潮便是人们对大自然这一造化的挑战，更加震撼人心。

在宋朝，弄潮其实是一项商业性的极限运动。每年的七月份，临安的职业弄潮儿便在闹市竖起一面旗帜，上面写着自己的名号，并说明自己将在八月哪一天入钱塘江口弄潮，欢迎围观，欢迎打赏。而爱看热闹的市民、商贾，则纷纷请弄潮儿喝酒，送他们财帛，以资鼓励。

待到八月潮信将至之日，弄潮儿手执彩旗，早早守候在钱塘江口，看着潮水远远地自天际涌来，越涌越近，潮声越来越响，潮头越来越高，终于，其声震地，其势如山，夺人心魄，观潮的人只觉得一颗心快要跳出胸腔。

此时，岸上锣鼓喧天，为弄潮儿打气，弄潮儿则披头散发、赤身露臂，擎着大旗，迎着潮头而上，"出没于鲸波万仞之中，腾身百变"。他们必须做到，不管潮起潮伏，手中擎着的旗帜不能被潮水打湿。

有一首宋词这么描绘钱塘江弄潮的惊险场面："长忆观潮，满郭人争江上望。来疑沧海尽成空，万面鼓声中。　　弄潮儿向涛头立，手把红旗旗不湿。别来几向梦中看，梦觉尚心寒。"

　　潮退之后，弄潮表演结束，便是评奖、颁奖的时刻。凡是在大潮扑来之际，抓准时机一跃而上，浮于潮头，身影高于其他人，且手中旗帜不湿的弄潮儿，为优胜者，可以获得非常丰厚的赏金；其他能够随波上下、旗帜也不被打湿的弄潮儿，也能得到金帛美酒之赏，只不过赏金不如优胜者那么丰厚。这些赏金，都来自临安商家、市民的捐赠。

　　想象一下，弄潮组织方高声报出打赏单位与赏金的情景——

　　"刘家金银铺赏弄潮优胜者白银50两，会子100贯！"

　　"丰乐楼赏弄潮优胜者美酒50坛！"

宋李嵩《月夜看潮图》，台北"故宫博物院"藏

"张员外赏弄潮勇士每人白银20两！"

"寺桥金家饭店许弄潮勇士免费吃喝三天！"

弄潮儿得到的赏钱虽然很丰厚，但是，弄潮毕竟是一项非常危险的运动，稍不小心，便会被怒潮卷走，葬身鱼腹，尸骨无存。

事实上，每年都有一些不幸的弄潮儿遇难，妻子、儿女"望哭于水滨"。因此，北宋时，官府曾制定《戒约弄潮文》，禁止民间弄潮。然而，由于弄潮运动具有深厚的群众基础，官府的禁令很快就成为一纸空文，民间照样组织弄潮活动。

宋朝人不但可以看民间的弄潮表演，还能观赏到官府在钱塘江上举行的军事演习。军演的时间是八月十八日，由临安府尹调集驻临安城的水师，以及数百艘战船参加水上演习。

演习模拟两军展开水战，看过演习的宋朝人这么描述说："舟楫分布左右，旗帜满船，上等舞枪飞箭，分列交战，试炮放烟，捷追敌舟，火箭群下，烧毁成功，鸣锣放教。"比民间的弄潮更加惊心动魄。

因为在钱塘江口可以观看大潮，观赏弄潮表演，观摩水上军事演习，所以，每年的中秋节前后，宋朝人总要赶往临安观潮，特别是八月十八这一天，出门观潮的人最多，差不多是倾城而出。凤凰山一带，十余里间，车水马龙，车马塞途，"珠翠罗绮溢目"。意思是说，到处都有出来观潮的仕女。钱塘江边更是搭满了帐篷，租给观潮的市民。

既然观潮人群中"珠翠罗绮溢目"，那么，若不擦出一点爱情的火花，怎么也说不过去吧。所以，我再给大伙儿讲一个发生在钱塘江边的爱情故事。

话说南宋临安城钱塘门外，有一个商家子弟，叫作乐和。他与母舅安三家的邻居喜顺娘青梅竹马，两小无猜。长大后，乐和非顺娘不娶，顺娘也非乐和不嫁。乐和央求母舅安三前去说亲，但安三认为，喜家是官宦之家，与乐家门不当、户不对，这门亲事肯定说不成。乐和听后，失魂落魄一般。

这一日，正是八月十八，钱塘潮生，乐和听说喜家一门都去看潮，也换了新衣裳，来到钱塘江口，在人群中寻寻觅觅，终于看见顺娘在一个席棚里面。顺娘也看到了他。两人隔着人流，脉脉相望。

突然，有人大喊："潮来了！"话犹未绝，耳边响起山崩地裂之声，只见潮头有数丈之高，一涌而至，比往年的更大，直打到岸上高处，冲倒席棚，将席棚里的顺娘卷入江中。乐和见顺娘被潮水卷走，也扑通一声，向水中一跳，随波而去。

顺娘的父亲见女儿落水，慌急了，乱呼："救人救人！救得我女儿，自有重赏！"幸亏江上有一帮弄潮儿，踏着潮头，如履平地，将顺娘捞救起来。捞起来一看，才发现救起来的不是一个人，而是两个人，一个是顺娘，另一个是乐和，两人紧紧抱在一起，分拆不开，叫唤不醒，体尚微暖，不生不死的模样。

此时，乐和的父亲也赶到现场，放声大哭："儿啊！你生前不得佳侣，谁知你死后方成连理枝！"

顺娘的父亲说："乐丈人，如今哭也没用。大家都来叫唤，若唤得醒时，我情愿把小女许配与令郎。"

于是，两家一边唤女，一边唤儿，约莫叫唤了半个时辰，乐和与顺娘才悠悠醒转。经过这一番生死磨难，一对有情人终成眷属。

这个故事也提醒我们，在钱塘江观潮，一定要小心，潮水很容易将人卷走。并不是每一个落水的人都能如故事里的乐和、顺娘那般幸运获救。所以，如果你去观看钱塘江大潮，千万要注意安全哦。

最爱玩耍成都人

如果让我们来评选哪一个地方的市民最爱玩、最会享受生活，我会投成都人一票。听说成都人听到地震警报，都能若无其事地打完一圈麻将。酷热的夏天，成都人会找一处山林，在树荫下、溪流中支起一张麻将桌，优哉游哉打起麻将来，忘却世间烦恼。

成都人爱玩，是有历史传承的，宋朝时的成都人，就以热爱嬉游出名。宋人这么形容成都的民风："成都游赏之盛，甲于西蜀，盖地大物繁，而俗好娱乐。"

假如宋朝东京、洛阳、临安与成都四地的驴友聚在一起聊天，他们的对话估计是这样的：

东京人："我们京城人都爱旅游，每年春天，我们都要去游皇家园林。"

洛阳人："我们洛阳人才爱旅游，每到牡丹花开时节，满城男女老少都出来逛名园、赏牡丹。"

临安人："我们临安人不但爱踏春，秋天还要倾城出动，去看钱塘江大潮。"

一旁的成都人一直微笑不语。东京、洛阳、临安的驴友一齐问他："你们成都人呢？"

成都人说："我们成都人一年四季都在游山玩水。"

这位成都驴友并没有说大话。别的地方，人们出游是季节性的，有旺季、淡季之分，但宋朝成都人旅游，不受季节限制，每个月都是旺季。心情不好时，要出去游一游，散散心；心情好了，更是要出去玩耍玩耍。

元朝时，成都有一个文人，编写了一部记录地方风情的《岁华纪丽谱》，里面收录了宋朝成都人从正月初一到冬至日的"游乐路线图"。现在，我翻开这本《岁华纪丽谱》，给你看看成都人一年四季是怎么游玩的：

正月元日，即春节，成都人习惯出去游安福寺。次日，又游东郊，官府在大慈寺大摆宴席，宴请地方士绅、市民代表。

元宵节，放灯三天，看花灯。二月二日，是成都的踏青节，满城人出城游赏，官府组织彩船游锦江。三月，游学射山，游蚕市。

成都的蚕市，是一个促销养蚕用具的购物节。不过，在蚕市中销售的商品，也不光是养蚕用具，还有农具、花木、果实、草药什物，说是农产品展销会更准确。成都官府为了吸引市民逛蚕市，还在蚕市中组织文娱表演，即使你不买农用品，也可以到蚕市看演出。一位宋朝诗人用一首小词描述蚕市的热闹与繁华："成都好，蚕市趁遨游。夜放笙歌喧紫陌，春邀灯火上红楼。车马溢瀛洲。"

寒食节、清明节前后，官府开放衙门的园林，纵人游览。五月五日，官府又在大慈寺设宴。七月七日，又设宴于大慈寺，组织市民观锦江夜市。七月十八日，大慈寺举行盂兰盆活动，市民纷纷前往观看。八月十五日，中秋玩月，官府宴请士绅于大慈寺。九月九日，游药市。

药市即药材展销会，热闹场面不亚于蚕市。每年九月初九重阳节，成都药市拉开序幕，一大早，全川所出药材汇集于药市，甚至有波斯商人也来药市贩卖进口药材。药商吆喝，道士站台，即便不买药的读书人，也纷纷走入药市"深呼吸"，因为相传吸入药市上弥漫的药气，可以祛病延年。由于药市太热闹，九月九日逛药市便成了宋代成都人的一项游乐节目，官府也鼓励人们尽情游乐，在药市设置棚屋，方便市民游观时歇息，又在市中置酒，请逛药市的市民喝酒。

宋佚名《春游晚归图》，台北"故宫博物院"藏

冬至节，官府又设宴于大慈寺。我们发现，宋时成都的官员经常在大慈寺设宴，款待客人，游览山色。地方上层社会的游宴活动，必然带动了整个地方社会的节日游玩风气。

宋时成都人不仅每逢佳节要宴游，而且每个月份都有一个购物节，统称"十二月市"：正月灯市，二月花市，三月蚕市，四月锦市，五月扇市，六月香市，七月宝市，八月桂市，九月药市，十月酒市，十一月梅市，十二月桃符市。蚕市与药市只是其中的两个购物节而已。不管是什么购物节，爱玩的成都人都将它们过成"夜放笙歌"的狂欢节。

更有意思的是，成都的药市、蚕市，还有扇市、香市、宝市，都在大慈寺举行。大慈寺是佛门圣地，相传唐三藏就在大慈寺受戒；同时大慈寺又"地居冲会，百工列肆，市声如雷"，是成都"十二月市"的重要交易平台。

宋朝的成都人并不认为，红尘的喧嚣、购物节的世俗狂欢会搅扰佛家的清静；相反，他们认为，这恰恰是人间繁华的表现，"以游观之多，而知一方之乐也"。

宋朝成都的嬉游之风，既是出自人之天性，也是受地方官府鼓励的结果。五代与北宋初，官府对成都人爱游荡的风气是很警惕的，每年二月踏青节，成都人出城郊游，地方官就在各山头设立哨岗，派人把守，密切监视郊游的人，以防他们聚众生事。后来，一个叫张咏的官员来成都当太守，手下告诉他："张太守，您初来乍到，恐怕有所不知，成都人最爱游荡，不务正业。二月份有个踏青节，这一日，成都人到处游荡，衙门为了提防他们惹是生非，费了不少力气。"

张咏却说："不就是喜欢游乐嘛，人之常情，人之常情。与其处处提防，不如因势利导，为市民提供游乐的便利，让他们玩个够。"

因此，在二月初二踏青节，张咏干脆组织了数十艘官船，张灯结彩，又请成都的女艺人，在船头载歌载舞，吹吹打打，大张旗鼓游锦江，吸引郊游的市民都跑到锦江边，观看彩船。一时间，"士女骈集，观者如堵"。这是成都的"小游江"。之后，每年踏青节，成都官府都会举行"小游江"活动。

比"小游江"更热闹的是"大游江"。"大游江"的地点是浣花溪，时间为每年的四月份。游江之日，成都市民倾城而去，都人士女，莫不丽服靓妆。有船的人家，都会将船装饰一新，饰以彩绘，箫鼓弦歌，喧闹而行；没有船的人家，则在岸边搭建帐篷、看棚，观赏江中游船。成都官府也在浣花溪安排水戏表演，设置酒席，让众人玩得更尽兴。

每年春季，成都官府还会打开衙门附属园林——西园的大门，让市民入内游赏、玩耍。西园内，设有酒垆花市、茶房食肆、艺人勾栏，方便游园的市民饮食、购物、娱乐。

不仅如此，西园开园首日，酒坊还会在园中举行"说诨话"比赛，类似于现在的说相声，参加比赛的是滑稽戏艺人。像今天德云社的相声演员，就很适合参加宋朝成都西园的"说诨话"比赛。我给大伙儿描述一下这个"说诨话"比赛的大致情况：

几名参赛的艺人轮流登台，各讲一段单口相声，从早上一直讲到傍晚，循环登场。台下近处设有 VIP 看席，供达官贵人就座。VIP 席位之外，是供普通市民入座的看棚，分男宾席、女宾席，男女游客分开坐。

游客既是观众，同时又是评委。但他们不需要给节目打分，只管哈哈大笑就行。台上艺人讲相声，凡是能够将满场观众逗得哄堂大笑一次，即可获得一枚青红小旗。一天下来，哪位艺人得到的小旗最多，即为最佳艺人，可以拿到奖励。西园酒坊伙计高声报告获奖名单：

"郭刚，得旗 18 枚，为第一名，获美酒 10 坛，交子 10 贯！"

"周波，得旗 15 枚，为第二名，获美酒 5 坛，交子 5 贯！"

每一年，成都官府还投入 3 万贯钱，相当于现在的旅游开发专用经费，用于鼓励游宴，看似铺张浪费，但实际上，官府的投入也取得了回报：成都市民的游宴活动，刺激了消费，官府每年从酒类消费中抽到的酒税，便有成千上万贯。

我很喜欢爱玩的成都人，他们很懂得享受生活。我更赞赏给市民提供游乐便利的成都官府，因为他们成全了成都人对美好生活的向往。

说走就走的旅行

今天，如果我们想来一场"说走就走的旅行"，走上大街，招招手，便能打到出租车，坐上出租车，就能直达机场、高铁站。那宋朝人出行呢？他们又是乘坐什么交通工具？

我想起了以前看过的一部香港电影《花田喜事》，故事背景正是宋朝，但导演又故意在影片中安排了几个现代场景，造成一种时空穿越的喜剧效果，引人发噱，逗你一笑。比如，我记得，影片中的宋朝街头，停着几匹马，打着"计程马"的广告招牌，这显然是对现代香港社会的"计程车"的超时空模仿。

宋朝城市当然没有所谓的"计程马"，但是，宋朝城市居民出行，确实可以租马，而且，对于生活在东京的市民来说，租马还挺便利，价钱也不贵。宋人笔记《东京梦华录》是这么说的："寻常出街市干事，稍似路远倦行，逐坊巷桥市，自有假赁鞍马者，不过百钱。"意思是，东京开封府的市民出个门，习惯租马代步，只要掏不过百文钱，便能租到一匹马。

我们不妨来设想一个场景：假设你是一个宋朝小娘子，想到金明池看水戏，你站在街边一招手，便有马夫牵着马走过来。

马夫："小娘子，要租马吗？"

小娘子："请问去顺天门外的金明池，要多少文钱？"

马夫："包来回吗？"

小娘子："包来回怎么算？不包来回又怎么算？"

　　马夫："包来回，一共180文。只去不回，100文钱。"

　　小娘子："你只管拉我过去就行。"

　　马夫："好的。小娘子您坐好。"

　　不过，宋朝比较缺马，你看张择端的《清明上河图》上，马就比牛和驴少。所以，东京人出行，也会租毛驴，或者租牛车。成都的贵妇人出游，也很喜欢乘坐牛车。你不要以为牛车很土，其实成都富贵人家的牛车，车厢非常华美，坐着也挺舒适。当地老百姓一看有豪华牛车出游，都要跑去围观："哇，郭家车子又出来了，好气派啊。"

　　我们今天出门旅行，有时候还会请导游。导游这门职业，其实在宋朝时已经出现了。比如在南宋的临安城，生活着一群靠导游为生的市民，叫作"闲人"，他们的日常工作，就是"陪侍富豪子弟郎君游宴"，替他们打探"游湖酒楼饮宴所在"，然后获得一点佣金，养家糊口。

　　我们前面介绍过的临安"四司六局"，也会提供导游服务，市民想找一处风光秀丽的园林、寺院、山水名胜办个雅集，或者想租一条豪华游船游西湖，都可以找"四司六局"，只要掏一点儿钱，马上就给你安排得妥妥的，用宋朝人的话来说，"立可办集，皆能如仪"。

　　所以，假如你是南宋绍兴府的富贵人家，第一次到临安游西湖，你可以让丫鬟先找好导游。我们想象一下丫鬟与导游谈生意的情景——

　　丫鬟："小哥，我家官人与娘子明日要游西湖，请你雇好马车，帮找一条舒适、干净的游船。对了，游船的路线也请规划好，有什么好玩的景区，都要安排进来。价钱不打紧，关键是要玩得开心。"

　　导游："小娘子，你放心，保管安排得妥妥的。"

　　丫鬟："有劳小哥了。这是订金，明日辰时一刻，你来斗富三桥秦家邸店接我们。"

　　南宋时，临安西湖有庞大的园林群，环西湖散落着无数皇家园林、私家园林、寺院园林，以及其他数不清的名胜古迹。临安官府又拨款在西湖景区兴建了湖堤、桥梁、码头、亭台、楼阁等公共设施，并每

宋佚名《雪溪行旅图》，上海博物馆藏

年出资，"修葺西湖南北二山、堤上亭馆、园圃、桥道，油饰装画一新，栽种百花，映掩湖光景色，以便都人游玩"。因此，每日游湖的游客如同过江之鲫，非常之多。

多数游客是没有请导游的，毕竟，雇请导游需要掏一笔钱。但是，如果你请了导游，无疑会玩得更加舒心，因为，哪些景点值得一看，哪些景区人头密集，不必去凑热闹，走哪一条路线可以观赏到更多的景观，在旺季时又如何预定好游船，一处名园需要怎么预约……这些，都是只有专业的导游才最清楚。而且，宋朝的导游还兼跑腿，你在游湖的过程中，如果突然想要吃"宋五嫂鱼羹"，也可以打发导游去帮你买回来，你给他小费就行。

如果你想节约一点，可以不请导游，在景区买一份旅行地图也是可以的。宋朝有旅行地图吗？有的。宋朝人将旅行地图叫作"地经"，或者"里程图"。在游客很多的风景区，往往会有小商贩向游人兜售地图，比如临安西湖畔的白塔桥，就有印卖"里程图"的小商店，外地的士大夫来临安城，都要买一份，以熟悉道路、里程。

有一位不知名的南宋诗人在白塔桥附近的墙壁上题了一首诗："白塔桥边卖地经，长亭短驿甚分明。如何只说临安路，不较中原有几程。"诗人的本意，是讽刺南宋人歌舞升平、不思进取，但我们读这首诗，还可以读到另外的信息：白塔桥销售的"地经""里程图"，图中标有临安府的道路、里程、可供歇脚的旅店等等，确实很像今天的旅行地图，游客"按图索景"，很是方便。

古人绘制地图，主要是出于政治与军事目的，因此地图多藏于官府，跟平民的生活关系不大。到了宋代，才出现了大量供游客购买的旅行地图，这是因为，宋朝的市民生活比较丰富，越来越多的人都会走出去旅游，地图的旅游功能便凸显出来。另外，宋朝地图能够成为服务于旅游的大众商品，也应归功于宋代发达的雕版印刷业，只有印刷术才可以将一幅地图大量复制，变成流水线生产的商品。

作为一名驴友，人在外地旅行，除了需要一份旅行地图，你还要先找好住宿的客店。现代人外出旅游，住的问题是不用担心的，因为今天的旅店业非常发达，从青年旅馆到五星级酒店，到处都有。

宋朝呢？因为旅游业兴旺，人口流动频繁，宋朝的旅店业其实也挺兴盛的，虽然不能跟今天相比，但北宋东京、南宋临安等大都市，客店林立，用宋朝人自己的话来说，"沿城皆客店""客邸最盛"。客邸，就是客店。

张择端的《清明上河图》也画了几家客店，比如在城内十字大街边，有一块广告招牌，上面写着"久住王员外家"六个大字，表明这是一个姓王的富豪开的民宿。

各个州府县镇也有"驿舍亭铺，相望于道，以待宾客"。"驿舍亭铺"就是官方设立的宾馆。南宋人周必大有一次回乡，路过衢州的礼贤镇，虽然只是一个小镇，但周必大发现，"途中邸店颇多"。

所以，外出旅行的宋朝人，不用太担心找不到旅店住。你风尘仆仆去到一个地方，可以先找一家客店，安顿下来，歇息歇息，第二天再出门游玩。旅店伙计见客人上门，当然会热情接待——

伙计："客官，您是住宿，还是打尖？"

旅客："住宿。有劳小哥给我挑一间上房。"

伙计："客官您放心，小店客房，又洁净，又清静。楼下有酒菜供应，隔壁还有个茶坊，您尽管安心住下来。"

当你在异乡的旅店住下来，又将怎样度过漫漫长夜呢？

客店墙壁可题诗

　　宋朝人很喜欢旅游。以前交通不便，没有飞机、高铁、汽车、轮船，出远门是比较麻烦的，所以宋朝人的旅游，通常都是短途旅行，比如东京人游皇家园林，临安人游西湖，洛阳人逛名园、看牡丹。但宋朝人也有长途旅行的，比如外郡的人跑到京城游皇家园林。长距离的旅行，一天是不能打来回的，需要住旅店。

　　假如你就是一个出门远游的宋朝人，来到一座陌生的城市，在一家旅店投宿。你孤身一人坐在客房中，黄昏时候，看着窗外暮色四合，他乡的万家灯火逐渐亮起，你也许会感到有一种惆怅与寂寞慢慢爬上心头，弥漫开来。这个时候，你将如何打发时间，排遣旅途中的愁绪，度过漫漫长夜？

　　现代人的经验是，掏出手机，打开电脑，刷微博，刷朋友圈。但宋朝时，没有手机，没有电脑，没有互联网，没有微博与朋友圈，难道只能洗洗睡？莫急。你可以在旅店房间的墙壁上，读读之前的旅客留下来的题壁诗。

　　以前的人们在旅店住宿，在酒楼喝酒，或者到哪个名胜旅游，兴致一来，往往会提起笔来，在墙壁上留言。今天好像有些人也有这样的习惯，只不过留下的是一句"某某到此一游"，简单粗暴，不是个好习惯。

　　而古人留于墙壁的是一首首诗词，叫作"题壁诗"。宋朝是题壁诗最兴盛的时期，苏东坡的《题西林壁》便是一首题壁诗："横看成岭侧成峰，远近高低各不同。不识庐山真面目，只缘身在此山中。"

在宋朝，题诗于旅店的墙壁是一种时尚，不必担心别人会非议。不过，也有一些讲究的驿馆、客店、酒楼，不希望客人的题诗弄脏洁净的墙壁，但又不能拒绝旅客题诗，怎么办？他们准备了一批木板，制成屏风的样子，叫作诗板，专供旅客题诗。你到客店投宿，伙计会先跟你打好招呼。

伙计："客官，看您装束，是位秀才官人。"

旅客："正是。不知小哥有何见教？"

伙计："不敢不敢。我看客官是位秀才官人，兴致一来，想必要题诗。您若是要题诗，可不要写在墙壁上，刚刷的粉壁，可不敢写字。小店专为客官准备了诗板、笔墨，您吩咐一声，小人马上送到您的房间里。"

旅客："原来如此，省得省得。"

因此，一家生意兴隆、客人如流水的宋朝旅店，房间墙壁或诗板上，通常都写满了题壁诗，足够你秉烛读上大半宿。你读这些题壁诗，一定别有一番滋味在心头，因为每一首题壁诗的背后，往往都隐藏着一个令人唏嘘的故事。

宋真宗时期，在京城附近一家驿馆投宿的客人，可以读到一首题壁诗："三班奉职实堪悲，卑贱孤寒即可知。七百料钱何日富，半斤羊肉几时肥？"诗中的"三班奉职"，是宋朝的低级官职，薪俸极低，月薪700文钱加半斤羊肉。原来，以前有一个不知姓名的小官员，投宿这家驿舍，大概更深人静之时，感怀世道不公，辗转难眠，便在墙壁上题下这首小诗，发发牢骚，吐槽自己工资太低。

读到这首题壁诗的宋朝下层公务员，都深有同感，纷纷抄录、传诵，最后这首诗便传入朝廷，传到宋真宗的耳朵里。宋真宗说："下层公务员的工资这么低，如何指望他们廉洁奉公？"便下诏给"三班奉职"增加工资。

　　宋徽宗时期，在陕西某个驿馆投宿的旅客，也会读到一首题为《浪淘沙》的题壁词："目送楚云空。前事无踪。漫留遗恨锁眉峰。自是荷花开较晚，孤负东风。　　客馆叹飘蓬。聚散匆匆。扬鞭那忍骤花骢。望断斜阳人不见，满袖啼红。"落款"幼卿"，是一个女孩子的名字。幼卿还给这首小词写了一段序文，介绍了自己的身世。

　　原来，幼卿自幼与表兄同窗读书，意趣相投，情愫暗生。到了谈婚论嫁的年龄，表兄便托媒人前来求婚，但幼卿父亲以表兄未有功名为由，婉拒了这门亲事。第二年，表兄参加科考，取得了功名，前往甘肃担任教职，而幼卿亦已嫁人，丈夫是陕西的军官。幼卿随丈夫赴陕，寄宿于驿馆，恰好在这家驿馆的门口遇到阔别的表兄。

　　昔日青梅竹马的情侣，如今却形同陌路，表兄策马而过，只当没有看见她，不知是否因为以前求婚未成而耿耿于怀。幼卿心中感伤，所

宋张择端《清明上河图》中的客店"久住王员外家"

以在驿站的墙壁上写下这首《浪淘沙》，读来令人柔肠寸断。如果你在投宿的客店墙壁上读到这么一首伤感的小词，知晓这么一个忧伤的故事，你应该也会为幼卿掬一把同情之泪吧。

有时候，你还能在旅店的题壁诗中看到熟悉的名字，那是你某一个朋友之前投宿这家客店时留下来的。你读了朋友的题诗，心里会升起一种"他乡遇故知"的感觉。北宋有位诗人写了一首诗："驿舍萧然无与语，绕墙闲觅故人题。"说的就是，旅途寂寞，连一个聊天的伙伴都没有，只好在驿舍的诗壁上觅读故人的诗作来消磨时光、重温记忆。

当然，你如果心中感慨，有话要说，也可以在客店的墙壁上或者诗板上，题一首你自己的诗，就如今天的人在微博上发帖子。你也可以在别人留下的题壁诗下面，写上你的和诗，就如我们今天读到有感触的网帖时，忍不住要跟帖发评论；又如我们在刷朋友圈时，会给朋友的发言点赞。

最容易吸引旅客"跟帖"的宋朝题壁诗，似乎是女孩子留下的诗词。南宋有个文人，叫作周辉，常年出门旅行，在旅店投宿时，习惯读题壁诗打发时间。有一次，他在常山道的一家旅馆中，读到一首格调暧昧的小诗："迢递投前店，飕飗守破窗。一灯明复暗，顾影不成双。"诗末署名为"女郎张惠卿"。后来周辉回程，又投宿于这家旅馆，发现张惠卿留下的那首诗，已经成了"热门帖子"，和诗满壁，"跟帖"写满了墙壁。

"跟帖"最多的一份宋朝"帖子"，是宋仁宗时期一位无名女子写在信州杉溪驿舍的生前留言。这位女子遵父母之命，嫁给了小公务员鹿某的儿子。鹿某为人势利，捞到官职后，急急带着家人赴任。儿媳刚分娩三天，也被赶着上路，途中因为劳累奔波，病倒于杉溪驿舍，奄奄一息。临终前，她将自己的不幸遭遇，题写在驿馆墙壁上。后来投宿杉溪驿舍的旅客，读到她的临终留言，都为那女子鸣不平，纷纷在墙壁上"跟帖"写诗，凭吊女子，谴责鹿某。

旅客甲："好可怜的小娘子，唉！"

旅客乙："那个鹿某人到底是谁？人渣！"

旅客丙："咱们将他找出，公之于世，让他遗臭万年！"

众旅客："对，将他找出来！"

一众旅客后来果然将鹿某人的身份查了出来，原来他是宰相夏竦的仆人，因为捞到一个小官职，便急着赴任。人们讨厌鹿某的为人，将他斥为"鹿奴"。又有人把众人凭吊女子、谴责鹿某的一百多首题壁诗收录下来，编成一个集子，出版发行。这本诗集，取名《鹿奴诗》。

你看，宋朝时候的旅店诗壁，是不是有点像今天的互联网自媒体？

第七辑 佳节的风情

有人说，中国的传统节日更多地强调对秩序、礼仪的遵从，具有强烈的驯化人、抹杀个性的目的，所以不为年轻人喜欢。真的是这样吗？当然不是。宋代的七夕，是精巧玩具商品的展销会，市井烟火气浓厚；中秋节，全民欢饮；春节，朝廷会放开关扑（博彩）三天；即使是清明节，也是全民出游的欢快节日；最为盛大、热闹的狂欢节是元宵节，闹元宵的一个『闹』字，可有半点儿『强调对秩序、礼仪的遵从』『驯化人、抹杀个性』的意味？

春节：宋朝居然有"春晚"

　　春节，是中国农历的第一个节日，所以叫作"元旦"，取"一元复始，万象更新"的意思。我们现在的元旦，是指公历的1月1日，而农历的正月初一则改称"春节"，这是民国时期才形成的叫法，古人所说的"元旦"，指农历正月初一，即今天的春节。

　　春节是农历年的第一天，而农历年的最后一天，也是一个节日，叫作"除夕"。除夕与春节连在一起。所以，我们对宋朝春节的介绍，也从除夕开始吧。

　　除夕这一天，宋朝人家家户户都要洒扫门庭，贴门神、桃符、年画，祭拜祖先。宋代的"桃符"，其实就是我们熟悉的"春联"，因为以前的春联不是写在纸上的，而是写在桃木板上，所以叫"桃符"。王安石有一首诗写道："爆竹声中一岁除，春风送暖入屠苏。千门万户曈曈日，总把新桃换旧符。"说的便是：在热闹的爆竹声中，旧年的最后一天即将结束，人们祈望新年生活更美满，家家户户都忙着换上新的春联。

　　吃过年夜饭之后，宋朝人迎来了彻夜不眠的大年夜。

　　我们知道，宋朝时候，火药技术已广泛应用于节日庆典，人们利用火药制成响亮的炮仗、璀璨的烟花，在节日里燃放，图个热闹与喜庆。宋朝人过年，当然也要放鞭炮与烟花。除夕之夜，宫禁之内，爆竹最响，如同滚雷，响彻里巷。皇室使用的炮仗不但响亮，造型也非常华丽，制成人物、果子的样子，甚至做成屏风，绘有"钟馗捉鬼"之类的图案，点燃后可连响百余声。民间市井，也是灯烛烟花"红映霄汉"，爆竹鼓吹之声，"喧阗彻夜"。

大人们通宵不眠，围炉团坐，吃吃果子、糕点，聊聊天，这叫"守岁"。好玩的年轻人会聚在一起，燃起灯烛，玩起纸牌，会有一点小赌注，宋朝人叫作"试年庚"，即根据输赢来测试新年的运气如何。这是一种小游戏，不可当真。

至于孩子们，肯定在家里坐不住，都跑到外面，绕街唱儿歌："卖痴呆，千贯卖汝痴，万贯卖汝呆，见卖尽多送，要赊随我来。"这叫作"卖痴呆"，儿童以此互相戏谑，但也寄托着人们希望孩子来年变得聪明的愿望。

对了，我们现在过除夕，习惯看"春节联欢晚会"。那么宋朝有"春晚"吗？不太严格地说，宋朝是有"春晚"的。因为按照宋朝惯例，每年正月初一，朝廷要举行国宴，参与宴会的有皇帝、文武百官，以及辽国、西夏、高丽、大理等派来的"贺正旦使"。席间，照例有教坊艺人献演歌舞、百戏、杂剧等文娱节目。这一套在春节国宴上表演的文娱节目，我们不妨称为宋朝人的"春晚"。

宋朝的春节国宴，照例要喝九盏御酒，每喝一盏酒，欣赏一段文娱节目。第一盏酒与第二盏酒的节目，都是歌舞表演。第三盏酒表演的节目，是非常精彩的"百戏"。这时候，宴殿上要搭起几根戏竿，为什么要搭起戏竿呢？因为宋朝的"百戏"，是指上竿、跳索、倒立、踢瓶、筋斗等，都是在戏竿上表演的，类似于今天的杂技。

第四盏酒，是教坊艺人大合唱。第五盏酒，则是教坊小儿队献演的大型舞蹈，小儿队由200多名年约十二三岁的少年艺人组成，他们身着绯绿、紫青色花衫，手执花枝，分成四列进场。领头的四名紫衫少年手举贴金牌子，牌子上面写着要表演的舞蹈名称："仙山来绛节，云海戏群鸿。"

小儿队跳舞完毕，退场，紧接着，教坊艺人上来演杂剧。宋朝的杂

宋佚名《岁朝图》，描绘了大年初一士庶相互拜年的情景

剧，是简短的滑稽表演，又叫"滑稽戏"，同今日的相声、小品差不多。宋朝艺人演滑稽戏，喜欢将时事编入戏中，专拿高官开涮。我们耳熟能详的宋代权臣，如王安石、蔡京、秦桧等人，都曾被杂剧艺人狠狠讽刺过。

为了让大家领略一下宋朝艺人大胆讥讽时事的风采，我们不妨来欣赏一下宋徽宗时期内廷表演的一场滑稽戏——

先给你介绍一下，接下来要登场的三名教坊艺人分别饰演儒生、道士与僧人，各自解说儒家、道家与佛家的基本教义。

儒生："我一介儒生，平生所学，可以用五个字概括：仁、义、礼、智、信，这叫作'五常'。"

道士："我一介道士，平生所学，也可以用五个字概括：金、木、水、火、土，这叫作'五行'。"

接着，轮到扮演僧人的艺人说话，只见他双掌合十，再缓缓开口说话："你们两人所学，都是老生常谈，不值得夸耀。"

儒生、道士："大师，你平日所学，又是什么？"

僧人："我平生所学，也可以用五个字概括：生、老、病、死、苦。"

儒生、道士："你这不也是老生常谈？"

僧人："你们不懂。这五个字含义深奥得多，你若不服，可以问我。"

儒生："好。我问你，什么是生？"

僧人："生，是指学生。今天的学生幸福得很哪，吃得好，住得好，还有助学金，考试通过了，还能获得官职，前途无量。朝廷给书生的待遇，也太好了。"

儒生："有点意思。那什么是老呢？"

僧人："老，是指老人家。今天的老人家也很幸福啊，朝廷在各地都设立了福利养老院，让贫困老人免费养老。"

　　道人："什么又是病？"

　　僧人："病，是指病人。今天的病人也有福气啊，朝廷给他们设立了福利医院，免费施药、治病。"

　　道人："什么又是死？"

　　僧人："死，指死者。人皆有一死，有的人死无葬身之地，非常不幸，但朝廷修建了福利公墓，收葬贫穷的死者，他们也算有福气。"

　　儒生："那什么是苦？"

　　听完这个问题，饰演僧人的艺人闭上眼睛，不回答了。扮演儒生与道人的艺人再三追问："你说呀。什么又是苦，你倒说说看。"

　　僧人叹了一口气："唉，只是老百姓受得无量苦，为了支付福利成本，承受了苛捐杂税。"

　　原来，教坊艺人演这出戏，是讥讽宋徽宗与宰相蔡京当时推行的"国家福利政策"，导致税负沉重，老百姓因此遭受"无量苦"。宋徽宗听后，也连连叹息，没有怪罪艺人。

　　不过，宋朝艺人在"春晚"上表演滑稽戏，还是要讲点分寸，不敢太过于戏谑，因为有外国的使者在场，不可有失体统。换句话说，如果没有外国使者在场，艺人的表演会很放肆。

　　滑稽戏是在喝第五盏酒时表演的。第六盏酒的节目，则是大宋"皇家足球队"的表演赛。第七盏酒，是教坊女童队献演，女童队由400余名"容艳过人"的妙龄少女组成，表演形式跟小儿队差不多。第八盏酒，是唱曲子。饮至第九盏酒时，大宋"皇家相扑手"上场表演相扑赛。

　　宋朝"春晚"不但有文娱表演，还有节目主持人，或者说，有报幕员。记得我读小学时，每年六一儿童节，学校会举行文娱会演，各个节目登场表演前，总是有一个或一对打扮得很漂亮的报幕员出来报幕。我小时候特别羡慕那些能登台报幕的小朋友，心里渴望自己有一天也能走上舞台。那时候我还不知道，原来宋朝也有文娱会演，也有报幕员。

宋朝的报幕员，叫作"竹竿子"。为什么有这么一个奇怪的名字？因为他们登场报幕时，总是手持一根"竹竿拂尘"，就是带叶子的竹枝。

"竹竿子"一般在第四个节目上演之前才登场。登场后，"竹竿子"要先致词，讲一些吉祥喜庆的祝福语。然后，用朗诵腔报幕："东风送来了春天的旋律，舞者迎来了春天的阳光。我们饮酒迎春，我们载歌载舞。有请教坊艺人献演大合唱！"

说明一下，这段话我们翻译成了今天的"报幕体"。原话是文绉绉的"四六体"："东风应律，南簷在庭。饯腊迎春，方庆三朝之会；登歌下管，愿闻九奏之和。上悦天颜，教坊合曲。"

"竹竿子"在台上念的致词、报幕词，叫作"教坊词"，通常由文笔美妙的翰林学士撰写，我们熟悉的苏东坡苏大学士，就写过好几套"教坊词"，比如元祐四年"春晚"的《紫宸殿正旦教坊词》，就是苏东坡写的，翻译成现在的话，就是"1089蛇年紫宸殿春节联欢晚会主持人串词"。

第四盏酒、第五盏酒、第七盏酒表演的节目，都有"竹竿子"报幕。第九盏酒饮毕，相扑比赛表演结束，"竹竿子"还要登台致谢幕词："难忘今宵，盛世的歌声我们同分享；难忘今宵，明日的乐章我们再谱写。让我们拜别陛下，尽欢归去！"

至此，宋朝的"春节联欢晚会"降下帷幕。

说到这里，我们会发现，宋朝的"春晚"跟现在的春晚是不同的。现在的春晚有电视直播，所有人都可以收看，而宋朝"春晚"是在内廷表演的，观看的人只有皇帝、大臣与外国使者。

那么，宋朝有没有让大众观赏的联欢晚会呢？也有。不过，不叫"春晚"，而是"元宵联欢晚会"。原来，按大宋习俗，元宵节放灯期间，东京皇城的宣德门广场上，会用竹木、彩帛搭建巨大的灯山，一入夜，灯山万灯齐亮，将整个广场照得如同白昼。元宵二鼓时分，皇帝也会驾临宣德门，乘着小轿出来赏花灯，然后登上宣德门城楼，观赏"元宵联欢晚会"。宣德楼下早已搭好一个大露台，诸色艺人就在露台上表演文娱节目。老百姓则围着露台看演出，君主与万民同乐。

元宵：汴梁城中人看人

"正月里，正月正，正月十五闹花灯。"这是流行于宋朝的童谣。正月十五元宵节，是宋朝最盛大、最隆重、最热闹的节日，人们过元宵节，习惯说是"闹元宵"，一个"闹"字，突出了元宵节的狂欢特色。

宋朝的元宵节，各地都要放灯三夜，从正月十四放到正月十六，开封府更是放灯五天。元宵之夜，月色妩媚，"谁家见月能闲坐，何处闻灯不看来"，比月色更迷人的，是人间的灯火。从大内到坊间，各种花灯争奇斗巧。

宫廷的花灯无疑最为豪华，宫廷制作的"琉璃灯山"，高五丈，上面有各式人物，由机关控制，活动自如。至深夜，则"乐声四起"，大放烟花。

东京皇城宣德门前的御街上，早已用竹木搭好了用于放灯的棚楼，饰以鲜花、彩旗、锦帛，挂着布画。入夜，万灯齐亮，"金碧相射，锦绣交辉"。上面站着身姿曼妙的歌伎美女，衣裙飘飘，迎风招展，宛若神仙。

民间百姓家，也是"家家灯火，处处管弦"，灯品至多，精妙绝伦，有走马灯、珠子灯、羊皮灯、罗帛灯等等。还有一种"无骨灯"，浑然是一个大玻璃球，非常奇巧；又有一种名为"大屏"的巨型灯，"灌水转机，百物活动"，用水力驱动旋转。

东京幽坊静巷的好事之家，则"多设五色琉璃泡灯，更自雅洁"，灯下的如花女眷，"靓妆笑语，望之如神仙"。临安的各大酒店，点起

南宋李嵩《观灯图》，描绘了元宵之夜观花灯、吹奏音乐的风情，台北"故宫博物院"藏

灯球，奏响音乐，还请了漂亮的女艺人在酒店门前"群坐喧哗，勾引风流子弟买笑追欢"。

比华灯更动人的，是灯下的美人。梆子戏《看灯》有一段唱词说："正月里闹花灯，姊妹娘儿去看灯。城中仕女多齐整，汴梁城中人看人。"元宵放灯，万人空巷，不仅为观灯，更为观人。

北宋大学者司马光闲居洛阳时，有一年元宵节，司马夫人想带着女儿出门看灯，司马光却不大乐意。

司马夫人："官人，我们出去看花灯了。"

司马光："家里也有花灯，何必跑到外面看。"

司马夫人："兼看游人。"

司马光："看人？我不是人吗？不能看我吗？"

司马光性格严正，缺乏生活情趣，所以不能理解夫人为什么要跑到外面观灯、看游人。不过，如果我们以为宋朝的女子躲在深闺无人识，大门不出，二门不迈，则是想错了。平日里，东京的仕女也会常常出来夜游，到茶坊里喝茶。元宵节更是女性夜游的狂欢节。

　　放灯期间，每当华灯初上，宋朝女子都要打扮得漂漂亮亮的，戴着各种首饰，出门赏花灯。辛弃疾《青玉案·元夕》描述的"蛾儿、雪柳、黄金缕"，便是宋朝流行的女性首饰款式。赏灯的宋朝女孩子喜欢穿白色的衣裙，因为白衣飘飘，与月色最为般配。她们尽兴游赏，甚至彻夜不眠，次日清晨归家后，虽然疲惫不堪，却舍不得小憩片刻，整理一下残妆，又与朋友出门游玩去了。

　　宋朝元宵之夜逛街看灯的女子之多，从一个细节可以看出来。那就是下半夜，灯收人散之后，东京、临安的市民，会手持灯烛出来"扫街"，往往能捡到观灯女子不小心遗落的发钗、发簪等首饰。

　　观灯的女孩子这么多，这里面，不知有多少女孩子是趁着观赏花灯的机会，出来与情郎约会？所谓"月上柳梢头，人约黄昏后"，正是发生在元宵之夜的爱情。

　　许多宋朝文人都用生花妙笔描述了元宵花灯下谈情说爱的红男绿女："公子王孙，五陵年少，更以纱笼喝道，将带佳人美女，遍地游赏。""见许多、才子艳质，携手并肩低语。""那游赏之际，肩儿厮挨，手儿厮把，少也是有五千来对儿。"热恋的情人们是那么肆无忌惮，手挽手，肩并肩。

　　东京城里甚至设有专供少年男女谈恋爱的地点："别有深坊小巷，绣额珠帘，巧制新妆，竞夸华丽，春情荡扬，酒兴融怡，雅会幽欢，寸阴可惜，景色浩闹，不觉更阑。"

　　没有情人的宋朝男女青年，也很容易在元宵节找到他们的爱情。你想啊，多情少女、风流少年明着看灯，眼角却偷偷看人，正如一首宋词所说："这一双情眼，怎生禁得许多胡觑？"男女四目相对，难免擦出一些醉人的火花。所以，我们说，宋朝的元宵，既是庶民的狂欢节，更是少男少女的情人节。

　　让我给大家讲一个发生在宋朝元宵之夜的爱情故事吧。这个故事记录在宋话本《张生彩鸾灯传》中，被明朝的文人冯梦龙改编成小说

《张舜美灯宵得丽女》，讲的是：南宋时，越州有一个读书人，叫作张舜美，是一个英俊标致的才子，来临安参加科举考试，却未能中选，便逗留在临安客店中，一住就是半年有余。

这一日，正是元宵佳节，外面张灯结彩，临安市民都在闹花灯，张舜美也关闭房门，出来游玩。看着眼前万灯争艳，张舜美诗兴大发，口占一首《如梦令》，表达他的感受。正念着诗句，人潮中有一个丫鬟，肩上斜挑一盏彩鸾灯，后面跟着一位容貌出众的小娘子，冉冉走过来。

张舜美一见那小娘子，立即动了心，便依着《调光经》的教导，故意走过去，跟她走在一起，偷偷瞧她。那小娘子见有英俊少年郎偷偷瞧她，呆了半晌，心里也很喜欢，也大胆地看着他，两个人"四目相对，面面有情"，却没有交接一语。走着走着，因为人流拥挤，两人便失散了。张舜美寻那小娘子不着，如同失魂落魄一般。

次日夜晚，他又早早出门，径往昨夜相遇的地方，立了一会儿，转了一会儿，寻了一会儿，待了一会儿，都等不到那小娘子来。正准备回客店时，忽见小丫鬟挑着彩鸾灯，同那小娘子又从人丛中挤过来。那小娘子瞥见舜美，笑容可掬。

这一次，两人同到广福庙上香，小娘子悄悄给了舜美一张小字条，上面写着一首《如梦令》，还有一段话："妾身住在十官子巷中，朝南第八家。明日父母兄嫂往舅家赏灯，十七日方归，只有妾身与侍儿小英在家。请郎君光临寒舍做客。妾身刘素香拜柬。"原来这小娘子叫作刘素香。

张舜美看了字条，喜出望外。好不容易挨到次日天黑，来到刘素香家门前，却不敢造次突入，便在门口念了一首《如梦令》。刘素香听到声音，掀帘出来，将舜美迎了进去。

张舜美："我是过路之人，承蒙小娘子错爱，不如如何报答。"

刘素香："我爱郎君胸中锦绣，非图你囊里金珠。"

张舜美："舜美感激小娘子垂爱。"

刘素香："唉，今日已过，明日父母回家，以后不知还能不能再见到郎君。"

张舜美："我明日托媒人来求亲。"

刘素香："只怕爹爹不肯答应。"

两人沉吟半晌，素香说道："你我莫若私奔，免使两地永抱相思之苦，未知郎君意下如何？"

舜美大喜："我有一门远房亲戚，在镇江五条街开了一家招商客店，不如我们前去投靠他们。"

谁知两人私奔时，又走散了。经过好一番磨难，才又重新相遇，终于"缺月重圆，断弦再续，大喜不胜"。

对于这类发生在元宵之夜的爱情，有一些正统的文人是看不惯的，比如明朝有一个文人说："宋时极作兴是个元宵，大张灯火，……然因是倾城士女通宵出游，没些禁忌，其间就有私期密约，鼠窃狗偷，弄出许多话柄来。"这个明朝文人的说法带有偏见，发生在元宵夜的爱情其实很美好，哪里是什么"鼠窃狗偷"？"月上柳梢头，人约黄昏后"，如此良辰美景，岂可辜负？

愿天下有情人，都成眷属。

清明：原来可以很欢快

绝大多数的节日，我们都可以祝亲人、朋友"节日快乐"，唯独清明节，你若是跟朋友说："祝你清明节快乐。"只怕会得罪了朋友。记得前几年，清明节前夕，四川乐山某居民小区挂出横幅，上写"恭祝全体业主节日快乐"，业主看了，都很生气。清明节明明是一个祭拜先祖、寄托哀思的日子，怎么快乐？

不过，我们如果祝宋朝人"清明节快乐"，宋朝人一定不会生气，而是会谢谢你的祝福，因为，宋朝的清明节，本来就是一个欢快的节日。

你若不信，我就给大伙儿说说宋朝的清明节习俗。

北宋时，每年的清明节，东京的市民都会出城赏春，或在树荫下，或在园圃中，摆上席子，罗列杯盘、食物、美酒，互相劝酬，欢声笑语，到了傍晚，才尽兴而归。这叫作"踏青"。出来"踏青"的，也有姑娘，她们坐着小轿，但轿帘拉开，以便让春光入怀，轿子上还插满了刚刚采摘的鲜花。我们去看张择端的《清明上河图》，也可以看到出城郊游的小轿，轿子上插了柳条——插柳，这也是宋朝的清明风俗，而那轿子里面坐的，应该就是女孩子，因为北宋的男人是不习惯乘坐轿子的。

南宋时的临安，每至清明日，"车马往来繁盛，填塞都门"，都是出城"踏青"的城里人，他们或在郊外的名园芳圃、奇花异木之处宴饮，或在西湖的游船上欢歌饮酒。西湖中还有龙舟比赛，苏堤一带，更有各色艺伎表演杂技，以娱游人。所以，临安人不论贫富，清明日必倾城而出，笙歌鼎沸，鼓吹喧天，乐而忘返，到了月挂柳梢的时候，西湖上还是乐声嘹亮。这是多么快乐的节日。

临安邻近的绍兴，是陆游生活的地方，陆游有一首《春游》诗，写的是绍兴市民春游镜湖的情景："镜湖春游甲吴越，莺花如海城南陌。十里笙歌声不绝，不待清明寒食节。"你看，未到清明已莺花如海、十里笙歌，则清明时盛况，便不难想象了。

历书上说："清明，时万物皆洁齐而清明，盖时当气清景明，万物皆显，因此得名。"清明时节是万物滋长、生命萌动的好时节，天气又不冷不热，正适合出游踏青。

"柳外雕鞍公子醉，水边纨扇丽人行。"这是宋朝人描述清明时节少

宋张择端《清明上河图》中郊游归来的人家

男少女游山玩水的诗句。出来游山玩水的女孩子多了，便有故事发生了。我给大家讲一个宋话本《西湖三塔记》里的故事。

南宋孝宗淳熙年间，临安府涌金门有一个少年郎，叫作奚宣赞，年方二十余岁，不好酒色，只喜欢闲耍。这一日，正是清明节，奚宣赞心想："今日是清明节，佳人、才子俱在湖上玩赏，我也去一遭，观玩湖景。"便独自一人离家，出了钱塘门，来到断桥前，看见一个穿白色衣裙的女孩子，惊慌失措。

奚宣赞就上前问这女孩儿："你是谁家女子，何处居住？"

女孩儿说："奴家姓白，小名叫作卯奴，在湖上住。和婆婆出来闲走，不见了婆婆，迷了路。"

说着，这位名叫白卯奴的女孩子便扯住了奚宣赞的衣襟，一直哭着不肯放手。奚宣赞只得领了女孩儿，搭船到涌金门上岸，回到自己家中。

母亲见状觉得奇怪，就问他："我儿，你去闲耍，却如何带这女孩子回来？"

奚宣赞跟母亲说明了经过，奚母听了之后也没多想："这是好事，倘若她家人来寻时，再让她回家。"

白卯奴在奚家住了十余日。某日，一位鹤发如银的黑衣婆婆寻上门来说，她是白卯奴的婆婆。那婆婆见到了白卯奴，表现得很激动："担心死我了。自那日与你失散，我找你找得好苦，一家一家问过来，才问到这里的。不知是谁救你在此？"

白卯奴说："是奚官人救我在这里。"

那婆婆说："大难中，难得奚官人相救，不如请奚官人到家，备酒以谢恩人。"

于是，奚宣赞便跟着婆婆，到白卯奴家中做客。白家还有一个生得如花似玉的白衣少妇，是卯奴的妈妈。

奚宣赞在白家住下来，才发现那白衣少妇竟然是个妖精，想吃奚宣赞的心肝，幸亏白卯奴心软，放了他逃走。

奚宣赞有一个叔叔，叫奚真人，是在龙虎山学道的道士，得知消息后，赶回老家，施法收了白衣娘子一家。原来，这白衣娘子是一条白蛇，卯奴是乌鸡，黑衣婆婆则是水獭。奚真人又造了三座石塔，将三个妖精镇在塔下。

看了这个故事，你会不会觉得有点眼熟？没错，《西湖三塔记》的故事，正是白娘子传奇的母本。

白娘子的故事，背景也是南宋，也发生在西湖边。男主角许宣，是临安人氏，年方二十二岁，在表叔李将仕家的生药铺做主管。因为清明节要祭拜先人，便向表叔请了假，到保俶塔寺烧香。回家时，天下起大雨，许宣赶紧上了渡船。船近丰乐楼时，又有一个身穿白绢衫儿的娘子，带着一个穿青衣服的丫鬟上船。那娘子在船舱中坐定，秋波频传，瞧着许宣，主动与他搭讪。

那娘子："不敢动问官人，高姓尊讳？"

许宣："在下姓许名宣，排行第一。"

娘子："宅上何处？"

许宣："寒舍住在过军桥黑珠儿巷，生药铺内做买卖。"

许宣见那娘子主动问话，寻思道："我也问她一问。"便起身施礼："不敢拜问娘子高姓，潭府何处？"

娘子说："奴家姓白，嫁了张官人，不幸亡故了，葬在这雷岭。因清明节近，今日带了丫鬟，到坟上祭扫，不想值雨。若不是搭得官人便船，实是狼狈。"

原来，这娘子便是白蛇变成的白素贞，她的丫鬟便是青鱼变成的小青。著名的《白蛇传》故事，就是从清明时节的这一次邂逅开始的。

在前面两个故事里，奚宣赞是出来游玩的，许宣与白娘子则是出去祭拜先人的。出游踏春与祭拜先人，都是宋朝人过清明节的主题。更准确地说，祭拜先人是寒食节的习俗，出游踏春则是清明节的习俗，只不过，由于寒食节与清明节紧挨在一起，寒食节一结束就是清明节，所以这两个节日的习俗相互混在一起了。

而且，先人的墓冢总是建于山野之间，扫墓与踏青正好可以同时进行。祭拜完祖坟之后，宋朝人往往会放松心情，在郊外游乐一番。有一首宋诗这么写道："节序愁中都忘却，见人插柳是清明。登陴戍出吹弹乐，上冢船归语笑声。"祭拜逝者的淡淡哀思，并不影响宋人清明游春的欢愉。

宋朝之后，寒食节上坟的民俗就完全融入清明节，寒食节便逐渐消失了。祭祖扫墓于是成了清明节最重要的习俗。但尽管如此，清明出游的传统也一直保留下来，踏青与扫墓同步，比如在明代，清明祭祖的人们，要给墓冢除草添土，焚烧纸钱，哭拜，但"哭罢，不归也，趋芳树，择园圃，列坐尽醉"。

我觉得，这可能体现了咱们中国人的生活哲学："祖宗虽远，祭祀不可不诚"；人世美好，也值得纵情享受。节日的哀思送给先人，清明的美景留给人间。

七夕：不乞爱情只乞巧

农历七月初七是什么日子？没错，是七夕，一个古老的节日。我知道今天不少年轻人也会过七夕，主要是将七夕当成传统的情人节来过，主题是与恋人约会。

但是，要是一个宋朝人穿越到现代，看到年轻人将七夕过成情人节，一定会很惊讶：七夕怎么会是情人节？不妥，不妥啊。

并非宋朝人不解风情，而是按古代的习俗，七夕实在是一个不宜谈情说爱、谈婚论嫁的日子，民间娶亲、嫁女，都要避开七夕，古人是这么说的："七月七日，迎亲嫁女避节。"虽然七夕有牛郎织女鹊桥相会的动人传说，但按古代占卜家的说法，牛郎织女是"凶日"成婚的象征，婚姻不长久。

不仅如此，古人还认为，七月初七这天出生的女孩子，运气不太好。读过曹雪芹《红楼梦》的朋友，应该知道小说中的王熙凤有一个女儿，尚未取名字，大家叫她"大姐儿"。这大姐儿体弱多病，经常感冒发烧。有一次，大姐儿又发起热来。恰好刘姥姥来贾府做客，王熙凤便向刘姥姥讨教："到底是你们有年纪的人经历得多。我这大姐儿时常生病，也不知是个什么缘故。"

刘姥姥说："这也是有的事。富贵人家养的孩子多太娇嫩，自然禁不得一些儿委屈，她小人儿家，过于尊贵了，也禁不起。以后姑奶奶少疼她些就好了。"

王熙凤说："这也有理。我想起来，她还没个名字，你就给她起个名字。一则借借你的寿，二则你们是庄稼人，不怕你恼，到底贫苦些，你贫苦人起个名字，只怕压得住她。"

刘姥姥想了一想，笑道："不知她几时生的？"

王熙凤说："正是生的日子不好呢，可巧是七月初七日。"

刘姥姥说："这个正好，就叫她'巧哥儿'。这叫作'以毒攻毒，以火攻火'的法子。姑奶奶定要依我这名字，她必长命百岁。日后大了，成家立业，或一时有不遂心的事，必然是遇难成祥，逢凶化吉。"这就是王熙凤女儿巧姐名字的由来了。

施耐庵的《水浒传》里也有一个女孩子，也是七月初七出生的，叫作潘巧云，与潘金莲同姓，命运也差不多，先与他人私通，事发后又被丈夫的兄弟杀死，是一个悲剧性的女性。

要说女孩子七夕出生就命不好，这当然是古人的迷信，我们不必当真。不过，古人不愿意在七月初七这一天谈婚论嫁，我倒觉得可以理解。你想啊，牛郎织女，夫妻长年两地分居，一年只得相会一次。谁愿意自己婚后的生活是这样子的？

如果我们去看古典文学作品，就会发现，七夕发生的爱情通常都是以悲剧收场的。比如唐朝白居易的《长恨歌》写道："七月七日长生殿，夜半无人私语时。在天愿作比翼鸟，在地愿为连理枝。天长地久有时尽，此恨绵绵无绝期。"说的是唐明皇与杨贵妃在七夕之夜山盟海誓，结果却是杨贵妃被赐死于马嵬驿。

我们熟悉的另一个故事《白娘子传奇》，故事背景正是宋朝，白娘子与许宣邂逅于清明节，因为宋朝的清明就是红男绿女出游踏春的时节。而许宣怀疑白娘子为蛇精，是在什么时候？正是在七夕，那天许宣要去西湖金山寺烧香，白娘子再三劝他不要去，见他一定要去，只好吩咐他："你既要去，只可在山前山后大殿上走走，切不可到方丈那里去与秃子讲话。恐他又缠你布施。"

许宣说："这个使得，依你便是了。"

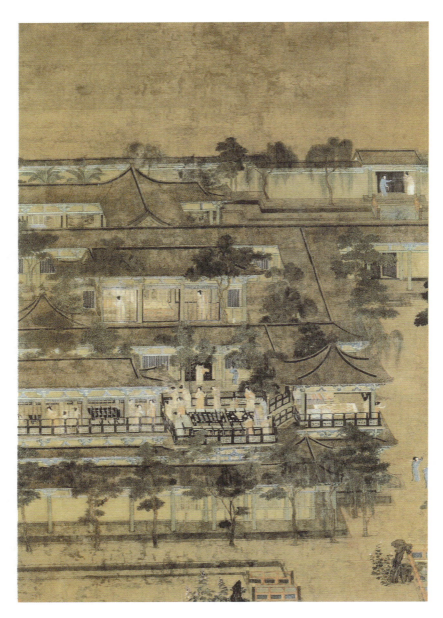

五代佚名《乞巧图》，纽约大都会艺术博物馆藏

许宣到了金山寺，先烧了香，然后各处闲走看看，不想遇到了金山寺的方丈法海禅师，法海告诉他："你满脸妖气，一定是家中有什么妖怪。"吓得许宣急急回家，果然发现白娘子与小青都不见了，这才怀疑两人是妖精。

你看，七夕真是一个扼杀爱情的日子。所以，宋朝人是不会将七夕当成情人节的，宋朝的情人节我们以前讲过，是元宵节。

那么，宋朝人是怎么过七夕的呢？

七夕在宋朝，已经是一个比较重要的节日，不过，宋朝人过七夕，并不是想仿效牛郎织女鹊桥约会，而是为了向织女星乞求巧智。旧时的女儿家，都希望自己心灵手巧，而传说中的织女星正是巧星，姑娘们相信，七夕之夜向织女星祈愿，可以让自己变得心灵手巧。也因此，七夕又叫作"乞巧节"。由于乞巧的都是女孩子，七夕还可以叫作"女儿节"。

七夕怎么"乞巧"呢？

富贵人家通常会在庭院里搭建一座楼台，叫作"乞巧楼"；一般人家没条件建造乞巧楼，也可以直接在院子里或阳台上乞巧。乞巧的时间是七夕当晚，先摆上花果、茶酒、笔砚、针线，以及精巧的玩具，然后焚香列拜织女星，乞求织女星赐予巧智。这个过程，就叫作"乞巧"。

乞巧后，宋朝小娘子们还会对着月色，拿起针线，穿针引线，展示自己的灵巧手艺。当然，几个女孩子聚在一起，少不了也会叽叽喳喳，聊个不停。

甲小娘子："姐姐，你一个针眼居然能穿过三根线，好厉害啊！"

乙小娘子："妹妹平日绣花那么好看，那才是真厉害呢。"

丙小娘子："你们俩的手艺都这么好，只有我，娘亲常常说我手笨，连绣花针都拿不稳。"

乙小娘子："妹妹别气馁，你会点茶、插花，手巧得很，我们都很羡慕你呢。你只是不喜欢女红，不喜欢就不喜欢呗。"

丙小娘子："我还是想求织女赐我巧智。"

那么，女孩子们该如何验看自己的乞巧已得到织女的回应呢？说起来有点意思。

宋朝女孩子会在乞巧时捉来一只小蜘蛛，养在盒子里，次日早上起床，打开盒子，看看蜘蛛结网的情况。如果发现蜘蛛所织的网圆圆正正，则表示昨夜乞巧，已获得织女星赐予巧智，这叫作"得巧"。如果发现蜘蛛织的网破破烂烂、歪歪斜斜，则表示未"得巧"。得巧的女孩子自然满心欢喜，未得巧的姑娘则难免有些失落。

宋朝的七夕，不仅仅是女孩子们乞巧的节日，还是少年儿童最高兴的日子。为什么？因为商家在七夕期间也会争逞巧智，推出各种奇巧的玩具，在大街上摆摊，卖给孩子们。所以，七夕也可以说是宋朝的"玩具节""儿童节"。

宋朝的小朋友可以在七夕买到哪些玩具呢？有一种小玩具叫作"水上浮"，就是用黄蜡制成大雁、鸳鸯、龟鱼的样子，涂以彩画，饰以金缕，若放在水上，能够漂漂不沉。

还有一种玩具叫作"谷板"，是乡村景物的微缩模型：用小木板装上泥土，种下植物种子，让它发芽、生苗，在小苗旁边放置茅屋模型，做成农家村落的样子。

最特别也最受宋朝儿童欢迎的七夕玩具，叫作"摩睺罗"。"摩睺罗"这个名字，一听就知道是一个音译过来的名词，来自佛经，原本是形象凶猛的印度神祇。但宋朝的"摩睺罗"却是造型十分娇憨、可爱的泥娃娃。一只做工考究的"摩睺罗"，人物的手足、面目、毛发都会做得栩栩如生，再配上漂亮的红背心、青纱裙儿，戴上小帽子，跟现在的"芭比娃娃"差不多。

每年的七夕前夕，宋朝城市的大街上全是卖"摩睺罗"的店铺、摊位，商贩的吆喝声此起彼伏。

　　商贩："摩睺罗！摩睺罗！客官，买一对摩睺罗吗？"

　　顾客："这摩睺罗一对多少钱？"

　　商贩："客官，我跟你说个实价，一对30贯。"

　　顾客："这么贵？"

　　商贩："这是吴中名匠袁遇昌做的，里面有机械装置，你往这小儿的脑袋一按，手脚都会活动。你试试？"

　　宋朝这种装有机栝、能活动的摩睺罗可不是我们想象出来的，而是史有记载的，南宋陈元靓《岁时广记》记载说："磨喝乐，南人目为巧儿。今行在中瓦子后市街、众安桥，卖磨喝乐最为旺盛，惟苏州极巧，为天下第一。"尤以吴中名匠袁遇昌制造的"磨喝乐"最为神奇，据明代《姑苏志》载，宋人"袁遇昌居吴县木渎，善塑'化生摩睺罗'，每抟埴一对，价三数十缗，其衣襞脑囟，按之蠕动"。

　　你看，宋朝七夕有意思吧？我觉得，现在的商家也可以从宋朝人那里获得灵感，把我们今天的七夕节打造成儿童玩具节。这个主意你觉得怎么样？

中秋：不吃月饼只喝酒

说起中秋节，相信许多朋友马上就会联想到月饼。而说起月饼，一些朋友又忍不住会问：你喜欢莲蓉的还是五仁的？有可能一言不合就吵起来。若按金庸的武侠小说《天龙八部》所说，宋朝的月饼界似乎还存在甜、咸之争。我记得小说中，丐帮长老白世镜与副帮主夫人康敏勾搭成奸，有一年中秋节，两人就拿月饼调情。

康敏："今晚的月色真白。"

白世镜："你的肤色更白。"

康敏："月饼真甜。"

白世镜："你的嘴巴更甜。"

康敏："死鬼，月饼你爱吃咸的还是甜的？"

白世镜："你身上的月饼，自然是甜过了蜜糖。"

我们知道，《天龙八部》的历史背景设定为北宋，但是，北宋人过中秋节，其实是不吃月饼的，所谓的月饼甜、咸之争，当然是金庸老人家虚构出来的。

那么，宋朝人是怎么过中秋节的呢？

与平日相比，八月十五中秋节这一天有个显著的特点，就是月亮特别圆、特别大、特别亮，当然，也特别美。宋朝人用诗一般的语言形容说："此日，三秋恰半，故谓之'中秋'；此夜，月色倍明于常时，又谓之'月夕'；此际，金风荐爽，玉露生凉，丹桂香飘，银蟾光满。"所以，宋朝人过中秋，赏月是必须有的保留节目。

中秋之夜，家家户户都会在楼台上、庭院里，摆上一些瓜果食品，一家人一边吃，一边赏月。宋朝人是这么描述的："王孙公子，富家巨室，莫不登危楼，临轩玩月，或开广榭，玳筵罗列，琴瑟铿锵，酌酒高歌，以卜竟夕之欢；至如铺席之家，亦登小小月台，安排家宴，团圞子女，以酬佳节；虽陋巷贫窭之人，解衣市酒，勉强迎欢，不肯虚度。"

人间的万姓虽然有贫富贵贱之分，天上的月亮却不分彼此，将迷人的月色均匀洒向人间，谁也不能独占中秋月色。

赏月之时，宋朝人家也会拜月祈愿。宋朝人说："中秋，京师赏月之会，异于他郡。倾城人家子女，不以贫富，……登楼或于中庭焚香拜月，各有所期。"

少年郎默默祈祝："嫦娥嫦娥，请保佑我早步蟾宫，高攀仙桂。"

未婚小娘子默默祈祝："嫦娥嫦娥，请赐我美貌与美满姻缘。"

已婚娘子默默祈祝："玉兔玉兔，请保佑我早日怀上宝宝。"

少年郎拜月，只为"早步蟾宫，高攀仙桂"。在中国传说中，月亮上有一座蟾宫，蟾宫外有一棵桂花树，蟾宫里住着一位美丽的仙子嫦娥，而嫦娥喜欢美少年，少年人在中秋之夜向嫦娥祈祷，便能早日"步蟾宫，折仙桂"，"蟾宫折桂"的意思就是科举高中。所以，宋人有一句话是这么说的："时人莫讶登科早，只为嫦娥爱少年。"

未婚小娘子拜月，则是祈求"貌似嫦娥，圆如皓月"，希望自己跟嫦娥一样美貌，以后的婚姻如同中秋月一样圆满。

已婚娘子拜月，心中祈愿则是"多生贵子"，因为中秋之夜，月色明朗，可以望见月宫玉兔弄影，而古人传说，人间的兔子望月而怀孕，南海的老蚌吐纳月影，能多产明珠。所以，在中秋之夜拜月，容易怀上宝宝。只能说，这是一种美好的愿望。

中国的每一个传统佳节，都有一种标配性的应节食品，比如春节吃年糕，元宵节吃汤圆，清明节吃青团，端午节吃粽子，冬至吃饺子。

中秋节呢？你一定会说，吃月饼。但中秋吃月饼的习俗，是从明朝才形成的，宋朝的中秋应节佳品，不是月饼，而是各种瓜果与螃蟹，因为秋天到了，各种水果成熟了，螃蟹也肥了，新鲜上市，正好可以尝尝鲜。

除了瓜果与螃蟹，还有一种食品是宋朝的中秋节不可缺少的，那就是新酒。因为按照宋朝的酿酒习惯，人们在冬至开始酿酒，到翌年中秋节前，则开坛上市，这叫作"新酒"。所以，在宋朝，每年的中秋节前，各个酒家皆卖新酒，门面装饰一新，大做广告，甚至邀请女艺人来代言美酒，吸引市民争饮。到了中秋节晌午，酒家就收下酒帘子，不再做生意，回家欢度佳节。买到新酒的宋朝人家，到了晚上，不管男女老少，都会在花前月下，喝点小酒，庆祝中秋。

我们以前介绍过，宋朝流行的酒，都是低酒精度的黄酒，不是高度白酒，所以老人家、女孩子以及酒量浅的人，都可以喝一点。宋朝大诗人苏东坡，就是一个酒量很浅的人，但他又喜欢喝酒，每年过中秋，当然免不了要喝酒。他写过一首非常著名的中秋词《水调歌头》，第一句就是"明月几时有？把酒问青天"。

这首词写于公元1076年的中秋节，当时苏东坡"欢饮达旦"，喝了一晚上的酒，大醉，思念他的弟弟苏辙，便乘着醉意，写下这首《水调歌头》，表达了"但愿人长久，千里共婵娟"的美好愿望。

苏东坡还写过一首不那么著名的中秋词《念奴娇》，词中更是直接说："我醉拍手狂歌，举杯邀月，对影成三客。起舞徘徊风露下，今夕不知何夕。"写这首诗时，也是中秋节，苏东坡又喝醉了。

苏东坡晚年时，在广西的合浦度过一次中秋节，与廉州太守喝酒尽欢，据说苏东坡酒后又写了一首中秋诗《留别廉守》，诗中写道："小饼如嚼月，中有酥与饴。"有一些研究者认为，诗中的"小饼"就是中秋月饼，说明宋朝是有中秋月饼的。但是，也有研究者指出，这首《留别廉守》是后人的伪作，并不是苏东坡写的。

宋刘宗古《瑶台步月图》，描绘的是仕女中秋赏月的情景，北京故宫博物院藏

　　南宋时，临安的市场中倒出现了一种叫"月饼"的食品，但这个"月饼"跟中秋节没有关系，是平日都可以买到的饼类，大概因为形状如同月亮，所以才叫"月饼"。所以，如果我们问苏东坡："苏大学士，你过中秋节，是吃莲蓉月饼还是五仁月饼？"苏东坡大概会这么回答你："莲蓉月饼？五仁月饼？都是什么东西？我过中秋只喝酒，没吃过月饼。"

　　由于宋朝人过中秋节习惯喝酒，而酒即便是低度酒，喝多了也会醉，喝醉了就容易出事，施耐庵的《水浒传》中，便有几件事出在中秋夜的酒席上。比如有一年中秋，张都监在鸳鸯楼安排筵席，庆赏中秋，请武松来饮酒。席间，张都监又叫出一个叫作玉兰的女艺人，让她唱曲陪酒。玉兰手执牙板，道个万福，唱了一支苏东坡的《水调歌头》。唱罢，张都监让玉兰给武松劝酒。

张都监："玉兰，你可把一巡酒。"

玉兰："武都头，玉兰敬你一杯。"

武松："不敢不敢。我就喝这一杯。"

张都监："大丈夫饮酒，何用小杯？来，给武都头换大杯。"

玉兰："武都头，玉兰再敬你一杯。"

很快，武松就喝醉了。他想不到，张都监请他喝酒，目的就是要将他灌醉，然后，诬陷他为盗贼。武松这次中秋醉酒，代价就是被抓了起来，屈打成招，承认自己"一时见本官衙内许多银酒器皿，因而起意，至夜乘势窃取入己"。

想当年，武松在景阳冈喝酒，结果打死了老虎；如今在鸳鸯楼喝酒，却中了张都监的奸计。这人心哪，有时候比老虎还要可怕。

中秋本来是一个合家团圆、欢聚一堂、饮酒作乐的美好日子，如果因酒误事，甚至闹出大事，那就太对不起这个节日了。所以，这里我想顺便提醒一下好酒的朋友，不管是过什么节，高兴归高兴，喝酒还是要悠着点。

冬至：宣德门前看演象

我们来假设一个宋朝人与一个现代人在谈论一年当中哪个节日最热闹，他们的对话估计是这样的——

现代人："姑娘，听说你是从宋朝穿越过来的，你们那时候，最热闹的节日是什么？"

宋朝人："当然是元宵节了。我们过元宵，大闹花灯五天，天天彻夜不眠。"

现代人："那元宵节是不是你们那时候最重大的节日？"

宋朝人："要说重大，元宵节也谈不上重大，我们闹元宵，就是图个乐，热闹倒是非常热闹，却谈不上隆重。"

现代人："那你们最隆重的节日是什么节？"

宋朝人："是冬至。"

现代人："冬至？我们现代人不过冬至。春节才是我们最隆重的节日。"

宋朝人："我们过年也很隆重，但是，冬至大过年。"

这位宋朝娘子没有骗你。在宋朝，最隆重的节日，不是春节，也不是元宵，而是冬至。今天，我们就来说说宋朝人是怎么过冬至的。

中国的传统节日，通常都按农历计算，比如我们以前介绍过的春节、元宵、端午、七夕、中秋，但冬至与清明，则是按阳历计算的节日，清明一般是在 4 月 5 日左右，冬至是在 12 月 22 日左右。对于生活在北半球的中国人来说，冬至属于一年当中白昼最短、黑夜最长的一天，过了冬至，白天就开始渐渐变长，黑夜开始慢慢缩短，春天也逐渐近了。所以古人说，"冬至一阳初动""冬至一阳来复"，杜甫也有诗写道："天时人事日相催，冬至阳生春又来。"

正因为古人发现冬至日处于大自然新旧交替的转折点，才赋予它不同于寻常节日的重要意义。

宋朝冬至的隆重性，首先体现在国家礼仪上。冬至这一天，朝廷要举行大朝会，文武百官与外国使者向皇帝朝贺，然后大摆宴席。一切礼仪如同春节的大朝会。

如果轮到祭天的年份，朝廷还要在冬至日举行盛大的祭天典礼，地点在城外南郊，由天子亲自主持，仪式非常隆重，参加的文武百官与仪仗队伍，多达两万零六十一人。当然，这么隆重的祭天大典并不需要年年都举行，而是每三年举办一次。宋朝人将天子南郊亲祀天地的年份，称为"大礼年"。

由于宋朝的南郊祭天仪仗会用到大象，所以每遇"大礼年"，冬至前两个月，朝廷会在京城的宣德门广场先演练大象仪仗。参与演习的大象一共有七头，每头大象的颈部都骑着一名身穿紫衫的驯象人。他们用击鼓、敲锣的方式来指挥大象，如果大象不听从指挥，则用鞭子抽打，这有虐待动物之嫌疑，我在这里表示反对。而通过训练，这些大象能够根据驯象人的指令，排成整齐的队伍行走、转圈，然后面向北，屈前膝行礼，还能发出叫声与人打招呼。

每到演练大象仪仗的日子，宣德门广场总是围满观众。那些住在宣德门广场附近的人家，更是会提前招呼亲朋好友来家里做客，顺便观看大象表演。连接宣德门广场的御街，也是"游人嬉集，观者如织"。聪明的商家用面粉、泥土捏成小象儿，卖给看热闹的游客，那些平日很少有机会看到大象的游客，往往都会掏钱买上几只，赠送亲友。

有一年，正是"大礼年"，朝廷又在宣德门广场举行大象仪仗的演习，有几名从乡下进城的女子，也跑到宣德门广场看大象。因为她们

传为宋人绘《汴京宣德楼前演象图》，疑为明清时期的仿作

从未见过大象，不知道世间竟然有这么庞大的动物，大吃一惊。

乡下女子甲："怎么会有这么大的长鼻子毛驴？"

乡下女子乙："那不是毛驴，听说是从海外进贡的大猪。"

乡下女子甲："怎么可能是猪？猪有那么长的鼻子吗？"

乡下女子乙："难道毛驴就有那么长的鼻子？"

乡下女子甲："这是长鼻子毛驴。"

乡下女子乙："这是长鼻子猪。"

两个乡下女子的争执，被旁边的人听了，都取笑她们没见过世面。这个小故事虽是我编出来的，却非完全虚构，北宋时确实发生过误将大象当成长鼻子猪的笑话，见宋人笔记《铁围山丛谈》：官员薛昂与夫人有一日经过宣德门广场，"时郊禋祀（郊祭大礼）近，有司日按象，自外旗鼓迎至阙下而驯习之。夫人偶过焉，适见而大骇，归告其夫曰：'异哉左丞，我侬今日过大内前，安得有此大鼻驴耶！'人传以为笑。"

取笑他人是不对的，不过对于生活在京城的市民来说，他们平时的确有更多机会看到大象等稀奇的动物。因为这些参与南郊祭天仪仗的大象，平日养在东京的皇家林苑玉津园。这玉津园里，还有其他珍稀动物，如狮子、老虎、麐鹿、犀牛、犎牛、独峰驼、白驼、孔雀、白鹇等等，可以说是一座皇家动物园。更重要的是，玉津园是定期向市民开放的，普通老百姓也可以进去观赏。

每年四月份，玉津园里的大象还会被送至应天府宁陵县（今河南商丘宁陵）的养象所放牧，九月再送回玉津园。应天府养象所也是一个对外开放的动物园，市民可入内观看大象表演，不过需要支付门票钱。因此，我们不要以为今天才有动物园，其实宋朝也有。

到了冬至之日，祭天的仪仗队浩浩荡荡，十分壮观，皇家乐团一路吹打，鼓乐声震天地。天子祭天的仪式自然是万分隆重、庄严、肃穆，不过，这并不妨碍平民看热闹，从京城南薰门至祭天地点，数十里之间，搭满了看棚、帐篷，全是富贵人家搭建来观看祭天仪仗队的。

祭天大典之后，按照惯例，皇帝还要赏赐大臣。这是一笔巨大的开销，宋神宗时，司马光与王安石曾经争论要不要取消祭天后的赏赐。司马光认为应该取消，而王安石反对。

司马光："国家当务之急，是节省冗费，给大臣的例行赏赐，可免就免。"

王安石："国家富有四海，这点赏赐所费无几，你取消掉，既未足富国，又徒伤大体。"

司马光："财政的钱不够用，你说怎么办？"

王安石："财政的钱，不能靠省，而是靠发展工商业，增加财政收入。"

这两个人，公有公的道理，婆有婆的道理。看问题的角度不一样，解决问题的思路也就不一样，很难说谁对谁错。你说是不是？

寻常老百姓过冬至不会计较这么多，就是图个热闹、喜庆、吉祥。一大早，宋朝城市的大街上就挤满了行人，人们"服饰华炫，往来如云"，逛街、游乐、购物、访亲问友，恰如王安石的一首《冬至》诗所描绘："都城开博路，佳节一阳生。喜见儿童色，欢传市井声。幽闲亦聚集，珍丽各携擎。却忆他年事，关商闭不行。"

皇帝过冬至要祭天，寻常百姓过冬至，则要祭祀先祖、参拜神庙。宋朝人冬至祭祖一般用馄饨，有钱的人家，一碗馄饨有几十种样式，叫作"百味馄饨"。

亲朋好友间也要往来庆贺，互赠礼物。即便是穷人家，过冬至了，也要购置新衣、酒食，招待客人。由于宋朝人习惯在冬至馈赠礼品、财物，过春节时，倒可以不送礼，所以民谚又有"肥冬瘦年"之说。

冬至因为是法定节日，宋朝官府会给公务员放假七天，并放开赌禁三天，即允许市民在冬至日前后这三天里参与博彩，方便民众狂欢。市井中，有的商家也自行放假三天，放下门帘子，不做生意了，整天饮酒博彩，寻欢作乐。

冬至时值冬天，往往会下雪。如果遇上大雪天，或者天气太寒冷，宋朝官府还会拨出数百万的公款，用于犒劳驻守都城的士兵，以及接济贫民。京城的贵家富室也会捐出钱米，送给坊巷里的贫困邻居。

这正是宋朝人富有人情味的体现，让穷人在寒冷的冬天，能感受到人间温暖，也让今天的我们，在说起宋朝的冬至时，生出一些敬意。

第八辑 商业的风光

宋朝是一个上自官府、下至庶民都注重商业发展的王朝。海外贸易的繁盛让许多宋朝人都用上了进口货，激烈的商业竞争让宋朝商家早早懂得了如何打广告吸引眼球，商品经济的活跃催生了世界上最早的纸币与有价证券，夜经济的兴起让宋朝社会突破了由来已久的宵禁制度的束缚……

宋人也用进口货

今天，进口商品已成为我们日常用品的一部分，随便走进一家大超市，你便可以买到进口的化妆品、衣服、手表、厨具、食物、奶粉，对不对？在宋朝的口岸城市，进口货也是市场上常见的商品。

我们先看几首诗。一首是王安石写的：“黄田港北水如天，万里风樯看贾船。海外珠犀常入市，人间鱼蟹不论钱。”诗中的黄田港就是江苏的江阴港口。还有一首宋诗写道：“百货随潮船入市，万家沽酒户垂帘。”诗的题目叫《三山即事》，三山即福建的福州。元朝有个僧人也写过一首诗，描绘的是福建另一个城市泉州：“厘头赤脚半蕃商，大舶高樯多海宝。”

这几首诗提到的“海外珠犀”“百货”“海宝”，都是海外进口的商品。

为什么宋朝诗人要将进口商品称为“海宝”？因为那时候，从海外进入宋朝的蕃货，除胡椒等日用品外，主要都是珍珠、玳瑁、象牙、犀角、香药等奢侈品，价格昂贵，确实是宝贝。我们在张择端的《清明上河图》中就可以找到一家专营香药的豪华商店，打出的广告招牌是“刘家上色沉檀拣香”，这些上等的沉香、檀香、拣香（即上品乳香），通常就是进口货。

由于当时的进口货多为奢侈品，是财富的象征，宋朝的富豪、富二代、贵妇人往往会用进口货来炫富、斗富。

南宋时，临安有一群贵妇人，有钱又有闲，又信佛道，便成立一个读经会，定期相约聚会，诵读佛经。参加聚会时，这些贵妇人都打扮得花枝招展、珠光宝气，浑身上下全是进口货。而在诵经之前，又免不了先攀比一番，所以，她们的聚会，被人称为"斗宝会"。我们在介绍宋代的相扑时提到过这个"斗宝会"。

我们来想象一下贵妇人们"斗宝"的场面——

贵妇人甲："刘娘子，这枚珠簪第一次看见你戴，你家大郎刚给你买的？只是，只是，这工艺看起来有点简单，不像是名匠的手艺。"

贵妇人乙："我家大郎听说南海之南的珍珠最好，非要托人从广州买回这枚珠簪，讨厌死了，这么浪费。你看珠子，是大食商人带进来的，鸽子蛋这么大。簪子则是广州城的名匠打出来的，他这手艺不叫简单，叫极简。极简主义，听说过没？"

贵妇人丙："这么大的珍珠确实难得，上月我家二郎也从大食商人那里买了六颗，我都不知道六颗大珍珠可以做什么，做成链子又不够，做成发簪又多了。"

贵妇人丁："听说珍珠的美白效果很好，可以研成粉敷面。"

北宋时，东京有一个好酒的士大夫，叫作石曼卿，居住在蔡河下曲，邻居是一个刚搬来的土豪，大门常闭，终日可以听见里面传出歌乐之声，家中僮仆少说也有数十人，经常从石曼卿家门口经过。但主人到底是什么人，石曼卿却从未见过。有一日，土豪邻居的仆人又从门口经过，石曼卿便叫住他："这位小哥，不知你家主人是哪一位？"

仆人回道："回石学士，我家郎君姓李，年方二十岁，并无昆弟。"

石曼卿说："你看，你家都搬来这么久了，我这做邻居的，还未曾登门拜访，真是失礼。"

仆人说："我们郎君平素不喜与外人交往，从未结交士大夫。以前也有士大夫来投名帖，但郎君都没有出来见客。不过，石学士是酒仙，我家郎君也喜饮酒，曾说过学士能饮酒。我想郎君一定愿意和您见面。"

又过了几天，土豪邻居果然叫仆人来请石曼卿过去喝酒。石曼卿发现这土豪邻居"全不知拱揖之礼"。但家里的装修果真豪华，摆的是进口珊瑚，烧的是进口香料，婢女仆人成群，连吃饭都不用餐桌，而是由十几名"妆服人品皆艳丽粲然"的歌妓各执盘子，环立于客人面前，服侍客人吃喝。歌妓手里的盘子有的装果子，有的装菜肴，有的装酒，酒有十余品之多。石曼卿第一次这么喝酒，感觉很新奇。

过了几天，他又想拜访土豪邻居，但土豪又闭门不见客了。也不知道土豪是何来历，年纪轻轻就这么有钱，家里一定有矿。嗯，也有可能他爹是从事海外贸易的。

宋朝的民间富豪能用上昂贵的进口货，应该归功于宋代繁荣的海外贸易，要知道，宋朝之前，进口的奢侈品一般只有皇家贵族才有机会享用。

宋张择端《清明上河图》中专营进口香料的刘家香药铺

　　宋朝是一个重商的王朝，海外贸易是受朝廷鼓励的。当时中国的整条海岸线上，布满了大大小小的港口。每年春夏季节，风从南方来，一艘艘满载香料、象牙、犀角、珍珠、皮货、胡椒、苏木、硫黄等蕃货的帆船，陆续来到宋朝港口住舶交易。冬季，北风南吹，则有数以万计的宋朝海商，驾着满载瓷器、陶器、丝绸、布帛、漆器、工艺品、茶叶、果脯等商货的海船，挂起风帆，从各个港口出发，驶往海外蕃国做生意。

　　宋王朝不像后来的明清王朝实行"海禁"，禁止商民出海贸易。宋朝的海商只要向官府申请一张"公凭"，类似于出海贸易许可证书，便可以扬帆出海，将他们的商货运到东南亚、印度半岛、波斯湾甚至非洲东海岸贸易。宋王朝也非常欢迎海外的蕃商来中国做生意，所以才有"厘头赤脚半蕃商，大舶高樯多海宝"的贸易盛况。

　　南宋绍兴年间，有一个叫蒲亚里的阿拉伯富商，娶了一名宋朝官员的妹妹为妻，在广州定居下来。宋高宗得悉这一情况后，指示广州官员"劝诱亚里归国"。是宋王朝不欢迎阿拉伯商人吗？当然不是。而是因为，蒲亚里在中国定居后便不再从事外贸了，宋王朝希望他回国招揽蕃商，多贩运点蕃货来中国。宋高宗又对大臣说，海舶之利，对国家很有帮助，你们要好好经营，多多鼓励蕃商来我们大宋做生意。

　　宋朝对海外贸易的鼓励不是口头说说而已，而是拿出实际行动的。比如，每一年，在蕃商回国之前，宋朝口岸城市的长官照例要大摆宴席，给蕃商、船长、水手等人钱行。

　　宋朝长官："各位，你们马上就要回国了，感谢你们给大宋带来了宝货，请喝了这杯酒，祝你们一帆风顺。"

　　蕃商："多谢长官盛情款待。我们敬长官一杯。"

　　宋朝长官："还请各位明年继续来大宋做生意。"

　　蕃商："一定一定。"

　　曾有宋朝官员向朝廷提出，各个口岸每年宴请蕃商，支出"不下三千余贯"，这笔钱"委是枉费"，不如节省下来，犒劳蕃商的宴会就不要办了。但广州的地方官坚决反对，因为广州每年犒劳蕃商，不过二百余贯钱，费用不多，而所悦者众多，从而带动更多的蕃商来华贸易。与政府从海外贸易中抽到的税收相比，这点犒劳之费算什么？朝廷最后还是听从了广州官府的意见。

蕃商在华的财产权也受到宋朝法律的保护。南宋时，有一个南洋商人不幸在宁波病逝，留下一大笔遗产。有人建议当时的宁波地方长官：不如将这些钱没收了。但宁波长官不同意，派人将南洋商人的遗产送回他的国家，该国国王闻讯，还给宋朝送来一封感谢信。

也有很多蕃商选择在宋朝长期生活。他们自称是"住唐"，其实是"住宋"。宋朝政府对蕃商在华居留也是欢迎的，在泉州、广州等蕃商聚居的港口城市，地方官府划出一块居住区，供外国商人居住，对外国商人的生活习惯、风俗、宗教信仰乃至轻微罪行的司法裁判，宋朝也给予尊重。泉州与广州还修建了学校，供蕃商的子弟入学读书，叫作"蕃学"。

宋王朝这种开放、大度的胸襟，真的让人佩服。

且看宋朝商家如何打广告

"钱塘妓女颜如玉，一一红妆新结束。问渠结束何所为，八月皇都酒新熟。"这是南宋诗人写的一首《钱塘迎酒歌》，诗歌讲述农历八月，临安的漂亮歌伎妆饰一新，因为新酒上市了，各个酒库请她们去给美酒代言。

宋朝的歌伎，其实就是唱歌跳舞的女艺人，她们给新酒代言，跟今天的企业请女明星代言产品是差不多的。

请钱塘歌伎代言美酒的酒库，主要是官营的酿酒厂。南宋时，官府在临安设了不少酒库，各个酒库都有自己的酒品牌，比如有美堂、中和堂、雪醅、真珠泉、皇都春，都是南宋临安酒库出品的名酒。

有些酒库还有自己的附属酒楼，如临安东库设有太和楼，西库设有西楼，南库设有和乐楼，中库设有春风楼，南上库设有和丰楼，北外库设有春融楼，钱塘正库设有先得楼。其他没有获得酿酒权的酒家，都要从酒库批发酒。

酒家伙计问："掌柜的，新酒快要上市了，今年咱从哪家酒库进酒？"

酒家掌柜答："莫急。先看看今年的评酒大会，谁家美酒能夺第一。"

这位掌柜说的"评酒大会"，是临安城内外诸酒库主管机构每年都会举办的活动，时间一般是在八月份，新酒开沽之时。

评酒大会的日期定下后，各个酒库便到处张贴告示，写明某月某

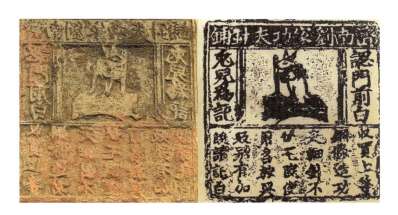

宋代"济南刘家功夫针铺"的广告铜版及印样，这是已发现的世界最早的印刷广告

日，酒库"开沽呈样"，欢迎各位亲友前来品评美酒。届时，临安城内外的各个酒库都会参加，如果能在评酒大会上获得名次，自然是好事。即便评不上，也没关系，因为这个"评酒大会"也是做广告的大好机会。

南宋的酒库是很注意做广告的，虽然俗话说"好酒不怕巷子深"，但宋人的观念是：好酒还需做广告。为了吸引眼球，广告还得别出心裁。

因为酒库那么多，市场存在竞争，你家酿出来的酒味道好，但你不做广告的话，消费者是不知道的。所以，每年的品酒大会，各酒库都会踊跃参加，一到开沽之日，一大早，酒库就会派人带上精心挑选出来的样酒，送往临安校场，进呈专家评鉴。

送呈样酒的过程，也是做广告的过程，做广告的本质，无非是吸引最多的眼球注意。为了达到这个目的，临安各个酒库都派出盛大的队伍前往校场送酒。除了带上新酿的样酒，还雇佣了"社队鼓乐""杂剧百戏诸艺"，一路吹吹打打，表演节目，巡游各处热闹的街市。

总而言之，就是要吸引更多的人来注意本酒库出品的美酒与品牌。

　　送酒队伍为首有三五个人，用大长竹挑起一面三丈余高的白布，上面写着一句广告词："某库选到有名高手酒匠，酝造一色上等酴辣无比高酒，呈中第一。"他们后面是"所呈样酒数担"，以及邀请来的各色艺人，其中最引人注目的，便是给酒库美酒代言的歌伎。

　　这些代言美酒的歌伎，都是"秀丽有名"的明星，各自身着盛装，化着美妆，"带珠翠朵玉冠儿，销金衫儿、裙儿"，骑着银鞍宝马，手里拿着各式乐器，一边弹奏，一边向围观的市民微笑致意。

　　一群漂亮女子如此招摇过街，自然少不了有"浮浪闲客，随逐于后"，更有一些"风流少年，沿途劝酒，或送点心"："兄弟，来，喝盏酒，我请客。"送酒队伍"所经之地，高楼邃阁，绣幕如云，累足骈肩"。毫无疑问，广告的目的达到了。

　　趁着"评酒大会"的热闹，临安各个酒肆也在门口搭起彩棚，现场卖酒，"游人随处品尝，追欢买笑，倍于常时"，生意特别好。

　　宋朝各行各业的商家，都有做广告的意识，繁华的城市中，商业广告随处可见。你展开《清明上河图》，会发现画家捕捉到的广告就有几十个，比如图中的酒店、酒肆必打出酒旗，这酒旗也是广告招牌。豪华的"孙羊正店"不但挂出酒旗，大门前还放了三块立体招牌，分别写着"孙羊""正店""香醪"字样，这三块立体招牌，便是灯箱广告。由于这种广告牌应用了照明技术——内置蜡烛，夜间明亮照人，特别引人注目。

　　在京城售卖熟食的小食摊，也会用耸人听闻的语言作广告词，标新立异，以吸引关注。宋哲宗时，东京有个小贩，专卖餲子，餲子就是一种环饼，这小贩从不叫喊所卖何物，每日只是挑担上街，一脸惆怅，长长叹息，然后喊道："亏便亏我也！"类似今天的"跳楼价""挥泪大甩卖"。

　　这个小贩还挑着餲子跑到皇城下叫卖。恰好当时有一位废皇后，就居住在皇城内的瑶华宫，官府见这小贩每到宫门口，就长叹说"亏便亏我也"，以为有什么阴谋，便将他抓起来审问。没有问出什么来，打了他一顿板子，放了。小贩从此将广告词改成"待我放下歇则个"，意思是，让我歇息一下吧。听到的人"莫不笑之"，不过广告效果不错，"买者增多"。这名卖馓子的小哥看来颇有广告头脑嘛。

更有广告头脑的是儋州一家馓子店的老板娘。当时名满天下的苏东坡贬谪海南，邻居正是这家馓子店。你知道，东坡先生是一位美食家，看到好吃的东西肯定是不放过的，所以一来二去，便跟馓子店的老板娘混熟了。老板娘晓得苏大学士是大名流，便一再请求苏东坡给她的馓子店题首诗。

老板娘："苏先生，您给小店题一首诗，我请你吃一辈子的环饼。"

苏东坡："毫无疑问，你做的环饼，是全天下，最好吃的。"

老板娘："这是什么诗？大学士您就认真作一首吧。"

苏东坡只好提笔写下一首广告诗："纤手搓来玉色匀，碧油煎出嫩黄深。夜来春睡知轻重，压扁佳人缠臂金。"有人认为，这首诗是中国古代第一首"真正意义上的商品广告诗"。

苏大学士写广告诗虽然蛮拼的，不过创意似乎不怎么好，总是将他喜爱的事物比拟成美人。他给壑源茶叶写广告词，就说"从来佳茗似佳人"；给馓子店写广告词，就说"压扁佳人缠臂金"；早年为西湖写的广告诗，还是有"欲把西湖比西子，淡妆浓抹总相宜"的句子。但苏东坡名气大，有了他的墨宝镇店之后，那家馓子店果然是顾客盈门。

要说最好的广告，我觉得还不是苏东坡的广告诗，而是消费者的口碑。南宋时，临安清湖八字桥有一家卖雨伞的店铺，叫作"老实舒家"，他家出品的雨伞，美观耐用，口碑很好。

在宋话本《白娘子永镇雷峰塔》的故事里，许宣清明节出门，偶遇白娘子，由于天下大雨，许宣告别白娘子后，恰好路过亲戚李将仕开的生药铺，便进去向李将仕借一把雨伞。李将仕吩咐药铺的老陈给许宣找一把伞。

李将仕："老陈找把伞来，给许小官人用去。"

老陈："好嘞。许小官人，这把伞你且拿去用。"

许宣："多谢陈丈人。"

老陈："小官人，这伞是清湖八字桥老实舒家做的，八十四骨，紫竹柄的好伞，不曾有一些儿破，小官人拿去用，休要坏了！仔细！仔细！"

许宣："晓得晓得，不必吩咐。"

许宣借了伞，出了生药铺，走到后市街巷口，又遇见了白娘子，便将这把雨伞借给了白娘子，由此结下一段姻缘。不过我们这里要注意的，并不是许宣与白娘子的爱情，而是老陈借给许宣的那把伞，那是一把名牌雨伞。"老实舒家"就是制伞的大品牌，深受消费者欢迎。

宋话本的情节虽属虚构，却是宋代社会生活的反映，因为当时的市民确实有追求品牌的消费心理，宋人说："大抵都下买物，多趋名家驰誉者。"所谓"名家驰誉者"，换成今日的话说，不就是"名牌""驰名商标"吗？难怪宋朝的商家要大做广告。

为什么宋朝会有假币？

　　我看过一部烧脑的电影，周润发与郭富城主演的《无双》。这部电影讲了一个制造伪钞的故事。其实，造假钞是一门很古老的勾当，并不是现代社会才出现的，早在宋朝，伪钞的问题就相当严重。今天，我先给大家讲一个发生在南宋的假钞案。

　　故事的主角叫作蒋辉，浙江宁波人，他是一个技术高超的雕版师傅，也是制造伪钞印版的高手，多次参与制造假钞，事发被抓，给判了刑，刺配台州，在台州的酒务服役。虽然是服役，却有工钱领。蒋辉便用工钱雇佣了一个名叫周立的台州本地人代他服役，自己则雕印一些书籍糊口。

　　南宋淳熙七年，即公元1180年年底，蒋辉又跑到婺州，重操旧业，与同伙黄念五等人伪造了一批假钞，然后若无其事地回到台州。台州太守唐仲友知道蒋辉是刻制雕版的高手，将他招到自己私开的印书局中，让他与其他工匠一块儿开雕《荀子》等书籍的印版。

　　到了这年八月，蒋辉与黄念五偷印伪钞一事暴露，婺州派了弓手前来台州捉拿蒋辉。唐仲友偷偷将蒋辉藏在州衙的后宅。之后，蒋辉宿食均在后宅里面，与外界断了联系。给他送饭的人是一个老妈子，叫金婆婆。

　　躲了三天，唐仲友来见蒋辉。

　　唐仲友："蒋辉，我救得你在此，我有些事问你，肯依我不？"

　　蒋辉："不知什么事？"

唐仲友："我要做一些钞票。"

蒋辉："只恐事后败露，被官府抓获，不好看。"

唐仲友："你莫管我。你若不依我说，便送你入狱。你反正是犯人，也不算冤枉了你。"

蒋辉只好答应下来。在宋朝，蒋辉不是第一个制作假钞的人，也不是最后一个。但堂堂台州太守唐仲友居然是这起假钞案的幕后主使，有点骇人听闻。

唐仲友离开后，金婆婆送饭入来。蒋辉问金婆婆："雕刻钞版倒容易，但印钞票的纸如何得来？"宋朝印制纸钞的用纸，是特制的，有暗纹，有点像现在的纸币水印，很难仿造，市面上也难买到。所以蒋辉有此一问。

但金婆婆不肯跟他说太多："你莫管。仲友自有办法。"

第二天，金婆婆带了一张"一贯文"的钞票画版进来，交给蒋辉，让他照着画版刻成雕版。蒋辉又问金婆婆："这画版是谁画的？"

金婆婆说："是贺选描摹的。贺选这个人能传神写字，是仲友的亲信。"套用电影《无双》的台词，这个贺选就是制作"像真画"的高手。

金婆婆又将一片梨木板交给蒋辉，

山西宝宁寺水陆画中的宋元纸币，
山西省博物馆藏

让他刻制钞版。蒋辉用了 10 日时间，将"一贯文"的钞版雕刻出来，交给了金婆婆。金婆婆将钞版装入藤箱，带出去藏起来。

过了一个月时间，金婆婆又来了，从藤箱里取出印钞的专用纸 200 张，还有之前蒋辉雕好的钞版，以及土朱、靛青、棕墨等颜料，一并交给蒋辉，让他先印出 200 道假钞。这印出来的假钞，只是半成品，因为宋朝的纸币是套印的，一张钞票印出来后，还要盖上三个官印、"一贯文"面额印、专典官的签名印，并填上系列字号。蒋辉将 200 道伪钞印好，装入箱子内，交给了金婆婆。

第二天，金婆婆又给他带来"一贯文"面额的印样、专典官签名的印样、官印的印文，让蒋辉照样雕刻。蒋辉又问金婆婆："这个'一贯文'的篆文、专典官的签名，都是谁写的？"

金婆婆说："也是贺选写的。"看来这个贺选真是画假画的高手。

印制假钞的所有钞版、面额印、官印、专典官签名印等都雕刻好之后，蒋辉又奉命印了 150 道伪钞。之后，金婆婆又陆续让他开印 20 余次，一共印制"一贯文"面额的伪钞 2600 余道。

这一日，金婆婆急急前来通知蒋辉："出事了，你赶快出去躲躲。"蒋辉连忙用梯子搭上后墙，爬墙逃走，谁知跑到宅后亭子时，被官兵捉住，押赴绍兴府讯问。

为什么会案发？原来，当时浙东提举官朱熹巡视台州，接到很多揭发唐仲友不法情事的举报信。其中有一份举报信说：唐仲友包藏逃犯蒋辉，盗用公款私刻书籍。结果抓来蒋辉一审问，竟然审出了一宗制造伪钞大案。

讲完这个假钞故事，你心里想必有这样的疑问：为什么宋朝会频频发生假钞案？

原因很简单，因为宋朝人使用的主要货币，除了铜钱，就是纸币。世界最早的纸币——官交子（后又改称为"钱引"），就诞生在北宋时的四川成都。南宋时，又出现了流通范围更广的纸币——东南会子。纸币与铜钱、金银是完全不同的货币，铜钱虽然也会有私铸的问题，但由于铜钱的币材铜本身就有价值，只要政府发行的铜钱保持大体足值，即铜钱面值与铜材价值大致相当，私铸便无利可图，便没有人会干私铸铜钱的事情。纸币就不一样了，只要伪造的技术高，便可以将一张张废纸变成钞票，一本万利。所以，纸币问世之后，伪钞也如影随形。

尽管如此，纸币仍然是一项非常了不起的发明。

在纸币获得广泛使用之前，宋朝人日常买卖，主要用铜钱，铜钱有个问题，就是笨重，一贯铜钱有五六斤重，如果你想到商铺买一件贵一点的衣服，恐怕得背上几十斤的铜钱出门。男士还好，你让姑娘怎么办？请脑补一下你去买一套价值5000元的衣服，要求用硬币付款的画面。

古代的穷文人能想象到的美好生活，就是"腰缠十万贯，骑鹤下扬州"，但真要让他腰缠十万贯，不但那只鹤会被压死，他自己也会被钱压扁，因为十万贯钱足足有五六十万斤。

可能有些朋友会说，可以用银子啊。你看电影、电视剧中，行走江湖的大侠在酒楼里大碗喝酒、大块吃肉，酒足饭饱后，摸出一锭白银，往桌子一拍，走人，十分洒脱。但这只是今人的浪漫虚构。

事实上，用白银作为日常交易的货币，麻烦程度超乎你的想象。

首先，每一次用白银支付的交易，结算的时候，都要称一下银子的重量；其次，还要验看银子的成色，看是不是十足银；有时候，还要换算度量衡，因为各地的称量标准并不一样。我们将这个付账的过程再现出来——

大侠："伙计，结账。"

店小二："客官，一共是二两九钱。"

大侠："好。这把碎银有三两，零头不用找了。"

店小二："客官稍等。这银子我们要先验一下。"

大侠："验？你怀疑这银子是假的？"

　　店小二："客官您误会了。我们只是验验银子的成色，是不是十足银。"

　　大侠："验吧验吧。"

　　店小二："客官，银子我们验过了，是十足银。我们再称一下，看看是几两。"

　　大侠："我上次称过了，足足三两。"

　　店小二："还是当场称一下好。"

　　这个结账的时间，可能要比你吃饭的时间还长。

　　一个明清时期来到中国的欧洲人非常惊讶地看到：老百姓平时出门买东西，都要随身带着钢剪。因为他们付账时，要根据所购货物的价格把银锭铰成大小不等的碎块，每个碎块都要称出重量。因此，许多顾客身上往往还需要带着一个称银子的小秤子。

　　如果大家在交易时使用纸币，我们上面提到的种种问题，都将一一迎刃而解。所以，我们才说纸币是一项非常了不起的发明。

　　那么宋朝的纸币是什么样子的呢？迄今为止，已有数以吨计的宋朝铜钱出土，但就是找不到一张宋朝纸币的实物，宋朝纸币到底是什么模样，还真说不清楚。今人只能根据零散的文字记载来拼接交子或会子的大体形态。经济史学家彭信威先生所著的《中国货币史》有对四川"钱引"印刷样式的介绍，我引述出来吧：

　　　　每张钱引用六颗印来印制，分三种颜色，这是多色印刷术的开始。第一颗印是敕字，第二是大料例，第三是年限，第四是背印，这四种印都是用黑色。第五是青面，用蓝色。第六是红团，用红色。六颗印都饰以花纹，例如敕字印上或饰以金鸡，或饰以金花，或饰以双龙，或饰以龙凤。每界不同。……拿整张钱引来说，最上面是写明界分，接着是年号（如辛巳绍兴三十一年），其次是贴头五行料例（如至富国财并等，多是些格言），其次是敕字花纹

印，其次是青面花纹印，其次是红
团故事印，其次是年限花纹印（如
三耳卣龙文等，多为花草），再其次
是背印，分一贯和五百文两种，最
后是书放额数。

　　说到这里，不能不提一块被许多人
传为"交子"印版的钞版，这块钞版发
现于20世纪初，现已下落不明，但有拓
片传世，一直被拿来当成北宋交子的插
图。从拓片看，钞版的上方为十枚铜钱
图案；中间是一行文字："除四川外，许
于诸路州县公私从便主管，并同见钱，
七百七十陌流转行使"；下方是粮食仓库
与搬运工图案，右上角有"千斯仓"三
字，所以研究者也将这一钞版称为"千
斯仓钞版"。

　　但"千斯仓钞版"绝不可能是宋代
的四川交子（或钱引）。理由有三：一、
此版字体丑陋，不合宋代的雕版水准；
二、此版样式不合文献记述的川交（川
引）形制；三、此版有"除四川外"文
字，更是表明它不是四川交子（或钱
引）。我倾向于认为这是一块伪造的钞
版。也许，只有等到交子或会子的实物
出土，我们才可以看到宋朝纸币的庐山
真面目。

"千斯仓钞版"印样

宋人理财，也会买点儿"证券"

今天，如果我们身上有一些闲钱，可能会用来"投资理财"，比如买点基金、股票、期货、债券什么的，对不对？在电子化时代之前，基金、股票、期货、债券都是一张张标有价格的纸片，所以叫作"有价证券"。

宋朝的有钱人又是怎样"投资理财"的呢？嗯，他们也会买点儿"有价证券"。

什么？宋朝也有"有价证券"？

嗯，有的。

倒是第一次听说。那，宋朝人可以买到哪些证券？

比如，可以买度牒。

度牒是古代出家人的身份证明，唐朝、宋朝、明朝时，你想出家当和尚、当尼姑、当道士，需要向官府申请一道度牒，拥有度牒的出家人，才是合法的出家人。如此说来，这度牒与有价证券哪有什么关系？莫急，听我慢慢说。

唐朝时，出家人向官府申请度牒，一般只需要象征性地缴纳一点儿工本费。但到了宋朝，由于财政压力大，朝廷便将度牒拿出来当特殊的商品出售，价格还挺高。比如北宋中期，一道度牒的售价是120贯钱，一贯钱差不多是500元人民币，120贯钱就是五六万元，很贵吧？北宋末，度牒价格涨到220贯，南宋初，又涨到500贯。你想申领到一道度牒，需要掏一大笔钱。

度牒这么贵，有没有人愿意买？有，而且很多。

那么宋朝人为什么愿意掏出一两百贯钱甚至四五百贯钱去买一道度牒？是自己想出家当和尚吗？不是。我先给大家讲一个小故事：

《水浒传》里的"花和尚"鲁智深，原本并不是和尚，而是一名"提辖"，宋朝的下层武官。他的本名也不叫鲁智深，而是叫作鲁达。后来，鲁达在渭州打抱不平，几拳打死"镇关西"郑屠，惹上人命官司，只好逃亡，一路逃到代州的雁门县，被当地富豪赵员外收留，躲在赵员外的庄园内避祸。

但长久躲藏在别人家里也不是办法。这一日，赵员外找鲁达商量："鲁提辖，这几天有好几个公差来到雁门县，听说是在追捕提辖，邻舍街坊打听得紧，只怕要来村里缉捕。倘或有些疏失，如之奈何？"

鲁达说："洒家自去便是了，决不连累你。"

赵员外说："赵某不是这个意思。只是，若留提辖在此，只恐有些山高水低；若不留提辖来，脸面上却不好看。赵某倒有个主意，叫提辖万无一失，足可安身避难，只怕提辖不肯。"

鲁达说："洒家是个该死的人，但得一处安身便了，做什么不肯。"

赵员外说："若如此，最好。离此间三十余里有座山，唤作五台山。山上有一个文殊院，方丈智真长老是我弟兄。我曾许愿剃度一僧在寺里，已买下一道五花度牒在此，只不曾有个心腹之人了却这条心愿。若是提辖肯时，一应费用都是赵某备办。提辖委实肯落发做和尚吗？"

鲁达说："既蒙员外做主，洒家情愿做和尚了。"

就这样，鲁达由赵员外带着，来到五台山，剃度出家，当了和尚，法号"智深"，从此，鲁达就改名鲁智深，这个名号也填上了度牒。

鲁智深的度牒，是赵员外送给他的。赵员外当初之所以向官府购买了度牒，是因为他曾在五台山的文殊院许愿，要剃度一名僧人在寺里。但是，并不是所有的富人都有赵员外这样的心愿，他们购买度牒是另有打算，简单地说，是将度牒当成"投资理财"的工具。这是因为，宋朝的度牒是可以转手买卖的。你掏钱向官府买来度牒，不一定要出家当和尚，你也可以转手将度牒卖给别人。

由于宋朝的纸币总体来看，是逐步贬值的，度牒的价格却大体保持稳定，如果你将家里的闲钱换成度牒，几年后转手卖出去，可以对冲掉通货膨胀造成的损失。就如现代社会，如果货币贬值的话，人们就会将手上的现金换成纸黄金、国债等能够保值的证券。而且，从总体趋势来看，宋朝的度牒价格还是一路上涨的，一转手就可以赚到一笔钱。

所以，宋朝的土豪在度牒价格相对低廉的时候，会大量抢购度牒，等到度牒涨价时再抛售。比如北宋末，度牒的交易价一度跌到90贯一道，当时的富豪就大量购入、囤积度牒，之后，度牒价格涨到100多贯一道，炒卖度牒的富户狠狠赚了一笔。

你看，是不是跟我们今天炒股票差不多？

所以，我才说，宋朝的度牒其实就是一种有价证券。

除度牒外，宋朝还有其他证券吗？

也是有的，比如茶盐交引。

宋朝的茶盐交引是大商人到盐场、茶场批发茶叶、食盐的凭证，类似于提货单。原来，宋朝的茶叶、食盐实行专卖制，茶盐商人要拿到茶叶、食盐，必须先向官府缴纳一笔钱，这笔钱包含了若干斤茶叶，或者若干斤食盐的批发价，以及相应的税费。然后，官府根据你缴纳的费用，发给你相应价值的食盐交引，或者茶叶交引。

这些茶盐交引是印刷出来的票据，上面印着"凭票可以领取多少斤食盐、茶叶"的面额，盖了官印，还有一些防伪的设计。商人拿到茶盐交引之后，就可以到官府指定的盐场、茶场批发食盐、茶叶，然后再贩运给零售商或者消费者。

当然，你也可以不去提货，而是转手将这些茶盐交引卖给其他商人，因为宋朝的茶盐交引是允许转手的。事实上，很多拥有茶盐交引的宋朝商人出于种种原因，比如跑到官方指定的盐场、茶场需要花费很长时间，或者自己急需一笔现金，他们往往不会用茶盐交引提货，而是直接将手里的茶盐交引卖掉。

也有一些负债的商人会用茶盐交引还债。我再讲一个小故事：

宋徽宗时期，平江府有一个姓沈的富二代，人称沈小官人。因为家里有钱，这沈小官人又是少年心性，便带了许多金银宝货到京城游玩，天天在歌楼舞榭倚翠偎红，腻了，想玩点儿新鲜的。这一天，他在京城刚认识的两个酒肉朋友说："沈兄，我们认识一位高人，住在郊外的豪宅里，不如去拜访他，品酒，谈谈艺术与人生什么的。"

沈小官人一听，来了兴致，便让这两个酒肉朋友带路，来到高人的豪宅。高人很热情地接待了沈小官人。正喝着酒，身边一间阁室里传来女孩子的嬉笑之声，原来是几个美女在里面掷骰子，赌注无非是她们身上的发钗首饰。

沈小官人一看，很是兴奋，也参与进来。他运气好，掷了几把骰子，都赢了。众美女里面，有一个年纪看起来最

南宋"静江府卖钞库之记"铜印，桂林博物馆藏

小、相貌最漂亮的小姐姐输得最惨，身上的首饰都输掉了。她又随手拿起雅室里摆设的一个花瓶，对沈小官人说："我以这花瓶为注，跟沈官人掷最后一把，这一掷该我赢的。"

沈小官人说："好。我陪小姐姐再玩一把。"结果这一把，沈小官人输了。不过，他也没放在心里，因为他看出那个花瓶也不值几个钱。

谁知道，赢钱的小姐姐将花瓶倒过来，从里面倒出一大堆金钗、珍珠来。沈小官人看傻眼了。大伙儿一估价，这堆宝贝至少值3000贯钱，可以买下一栋豪宅了。

沈小官人身上带的金银加上前面赢得的财物，都不够偿还这笔赌债。幸亏他还带了几张价值2000多贯钱的茶叶交引，只好以这些交引抵债。原来，这个赌局是那两个酒肉朋友设下来让他入套的。

这个故事告诉我们一个道理：赌局里面套路多，千万不要尝试。

这个故事也告诉我们一个信息：宋朝的茶叶交引是可以转手的，所以沈小官人才能够用茶叶交引抵债。

由于交引可以转手，宋朝形成了一个发达的交引交易市场，出现了交易铺，类似于今天的证券交易所。有钱的商人在交引价格走低的时候，就大量买入，等到交引价格上涨时，再转手抛售出来，赚取差价，就如今天的人炒期货。来看宋人笔记——耐得翁《都城纪胜》的描述：临安天街上，"自五间楼北至官巷南御街，两行多是上户金银钞引交易铺，仅百家余。门列金银及见钱，谓之看垛钱，此钱备入纳算请钞引。并诸作匠炉鞲，纷纭无数"。这里的"金银钞引交易铺"，便是宋朝的证券交易所，都是富商开设的，店门口堆着金银、现钱，显示其财力之雄厚，有足够的资金向官府申购茶盐交引，然后转卖给其他商人，由于商人在交引铺购买茶盐交引时，使用的货币多是金银，所以交引铺又设有"作匠"与"炉鞲"。

宋朝的金融市场之发达，真有点超乎我们的想象。

武大郎养得起潘金莲吗？

大家都知道，《水浒传》里有个武大郎，是一个老实巴交的人，住在山东阳谷县，以卖炊饼为生。宋朝的炊饼是什么食品呢？可不是烧饼，而是馒头。宋朝人习惯将面食统称为"饼"，水煮的面条叫汤饼，蒸的馒头叫蒸饼，由于"蒸"字与宋仁宗赵祯的名字"祯"音近，出于避讳，才将蒸饼改为炊饼。

武大郎的住房是一栋临街的二层小楼房，楼上、楼下都能够住人，他弟弟武松就曾在楼下住过几天。不过，这栋小楼房并不是武大郎自己的物业，而是租来的。

武大郎的妻子潘金莲是一名全职太太，我们不要以为古代的女性都是全职太太，其实宋朝也有不少职业女性，在市井中做生意，或者给官私手工作坊打工，或者是给富贵人家当用人。潘金莲不用抛头露面出来工作，是因为武大郎的小生意还能够维持小夫妻的生活。

那么有一些朋友就感到很奇怪了：武大郎一个卖馒头的街头小贩，以他的那点儿收入，能够养得起娇妻、交得起楼房的房租吗？

这个问题有点儿意思。我们今天就来考据一番。

我们首先需要弄清楚一个问题：在宋朝，一个像武大郎这样的城市下层市民，一天能赚多少钱。

北宋中期，淮西有一个给人家当佣工的平民，每日收入约100文钱，如果某一天多赚了十几、几十文，则都用于买酒肉。无独有偶，北宋后期，即武大郎生活的时代，湖北有一个小贩，在城市里摆地摊做点儿小买卖，每日赚到100文，便不再做生意，收摊回家，酒足饭饱之余，则吹笛唱歌，自得其乐。这个湖北小贩，与那名淮西佣工都将自己的人生小目标设为一天赚100文钱。如果他们相识，估计会成为好朋友。

淮西佣工："老兄，今日练摊，收入如何啊？"

湖北小贩："赚了100文，够了。"

淮西佣工："我也是赚100文，哈哈，也够了。"

100文钱，是宋朝城市下层人日收入的"基准线"。宋朝很多行业的从业者，不管是种地，还是砍柴打鱼，或者是给别人当用人，或者是做点儿小买卖，每天的收入一般都有100文钱左右，甚至乞丐也是"每日求丐得百钱"。

如果手脚勤快一些，一名普通宋朝人的日收入将不止100文。比如南宋时，饶州小商贩鲁四公，在城里卖猪血羊血煮成的羹食，日收入约有200文钱；吴中也有一名小商贩，靠卖活黄鳝为生，每天收入300文钱左右。

《水浒传》并没有明说武大郎的收入水平，若以宋朝下层市民常见的收入情况为参照，武大郎每天收入应该有100至300文钱。

另外，从《水浒传》的一处细节，我们也可以大体推算出武大郎每日卖馒头的收入。小说写道：有一日，武松因为有公务，需要离开阳谷县一段时间。临行之前，他找兄长武大郎吃了一顿酒，谈了一席话。

武松说："大哥，小弟蒙知县相公差往东京干事，明日便要起程，多是两个月，少是四五十日便回。有句话，特来和你说。"

武大郎说："兄弟尽管直说，大哥听着。"

武松又说："你从来为人懦弱，我不在家，恐怕被外人欺负。假如你每日卖十扇笼炊饼，你从明日开始，只做五扇笼出去卖；每日迟出早归，不要和人吃酒。回到家里，便下了帘子，早闭上门，省了多少是非口舌。如若有人欺负你，不要和他争执，待我回来，自和他理论。

大哥若依我，满饮此杯。"

　　武大郎说："我兄弟说得是，我都依你。"

　　从武氏兄弟的这一段对话，我们可以知道，武大郎每天大概可以卖掉5至10笼馒头。我们取最小值，就假定他每日卖的馒头是5笼。一笼大约有18个馒头，5笼即90个。北宋末，一个馒头售价大约是五六文钱，那么每天卖掉90个馒头，营业额大概有500文钱。若按50%的利润计算，毛利是两三百文钱，正好与宋朝下层市民的收入水平相符合。

　　那么，每天两三百文钱的收入，可以维持怎样的生活水平呢？住得起二层小楼房、养得起全职太太吗？

　　我们需要再弄清楚另一个问题：在宋朝，一个像武大

宋张择端《清明上河图》中像武大郎那样盘卖食物的小贩

郎这样的城市下层市民，一天的生活成本是多少钱。

对下层人来说，最大的开销就是维持温饱的成本。以宋朝的物价，一个成年人每日吃饱饭，需要 20 文钱，再加上肉、菜的钱，每口每日约要 40 文钱；每人每年还要另掏 500 文用于购买布料做衣服。

此外，住房也是一笔刚性的开销，不过武大郎的房子是租的，住房开支不会很高，北宋时，东京开封府的公租房每日租金约 15 文，阳谷县是个小地方，房租应该不会高于这个水平，我们就按一天 15 文钱计算。

这么算下来，武大郎一家两口子，每天吃饭的费用需要 80 文左右，房租需要 15 文，一共大约 100 文。考虑到潘金莲是一个爱美的女子，少不了要买一点胭脂水粉，衣裙也要多几件替换，所以，武大郎家一天的开销起码要一两百文。

如果武大郎每天卖馒头能够赚两三百文钱，他与潘金莲的小日子还是可以过下去的，不会很窘迫。从《水浒传》的描述来看，虽然潘金莲对丈夫有点瞧不起，但瞧不起的原因主要还是武大郎长得矮，太老实，时常受人欺负。如果从家庭收入水平来看，武大郎一家的小日子还是过得挺不错的，这一点我们可以从《水浒传》的两处细节看出来。

第一处细节。武松首次登门拜访兄长位于阳谷县紫石街的家，武大郎与潘金莲引武松上楼。潘金莲对武大郎说："大郎，我陪侍着叔叔坐，你去安排些酒食来，管待叔叔。"武大郎应道："那最好不过了。二哥，你且坐一坐，我去去便来。"不一会儿，大郎已买了些酒肉、果品归来。可见武大郎一家是吃得上酒肉、果品的。

还有一个细节。有一天，武大郎卖炊饼回来，看见老婆面色微红，便问她："你哪里吃的酒？"潘金莲说："便是隔壁的王干娘央我做送终的衣裳，日中安排些点心、小酒请我。"武大郎说："啊呀！不要白吃她的。你明日倘若再去给她做衣裳时，带了些钱在身边，也买些酒食与她回礼。常言道：'远亲不如近邻。'休要失了人情。"第二天，潘金莲又去见王干娘时，便取出一贯钱来，付与干娘："干娘，奴和你买杯酒吃。"

你看，武大郎轻轻松松便能掏出一贯钱给老婆，让她买酒食，作为给王干娘的回礼。说到这里，我都有点佩服武大郎了。

当然，《水浒传》是一部小说，武大郎与潘金莲的故事是小说家虚构的，我们不能只从小说对武大郎生活的描述就推断宋朝普通市民的生活水平。

不过，根据文献的记载与学者的研究，宋代确实是一个比较富足的时代。宋朝人自己说："京城资产百万者至多，十万而上，比比皆是。"意思是，你往东京开封府的大街上随便扔一块石头，便能砸中一个腰缠十万贯的土豪。请注意，这里只是设喻，石头可不能乱扔，砸到人是要负法律责任的。

武大郎的身家当然离土豪还有十万八千里远，不过，他靠每日在街头卖馒头来维持温饱，还是没有问题的。

宋人的夜晚，繁华刚刚开始

如果我们能够在唐朝与宋朝之间来回穿越，便会发现，唐宋的夜晚是完全不同的。有什么不同呢？我先讲一个小故事：

唐玄宗天宝年间，长安城有个荥阳公子，年少风流，一日游平康坊，遇到一位长得非常艳丽的绝色女子，整个人都惊呆了，连手中的马鞭都掉落在地上。回来一打听，才知道那位绝色女子叫李娃，是平康坊有名的歌伎。荥阳公子一心想要结识李娃，便换了新衣裳，又来到平康坊，登门拜访，见到李娃"明眸皓腕，举步艳冶"，不敢直视。李娃则烹茶斟酒，盛情款待。不知不觉日暮，街鼓响起。

李娃的妈妈走过来，问荥阳公子："敢问公子家住何处，离此远否？"

荥阳公子说："回李妈妈，在下住延平门外，离此数里。"

李妈妈说："街鼓已响，公子当速速归去，以免犯禁。"

为什么街鼓一响，李娃的妈妈就要催着荥阳公子赶紧回家？因为唐朝时，城市实行宵禁制度，天一黑，街鼓马上敲响，大街开始清道，大伙儿赶紧回家待着。夜间如果在大街上溜达，叫作"犯夜""犯禁"，属于触犯法律的行为，是会被巡夜的官兵抓起来治罪的。

所以，唐朝市民是没什么夜生活的，天黑了，就洗洗睡。长安城里也没什么夜店、夜市，别看白天的大唐长安城很热闹、繁华，一到晚上，就是一片昏暗、寂静。只有元宵节例外，因为唐朝元宵节会放开宵禁三天，让市民闹花灯。

如果荥阳公子与李娃生活在宋朝，情况就不一样了。

我再讲一个小故事。北宋后期，苏东坡在杭州当太守，每遇闲暇，总是约上几位文人墨客，带着歌伎，泛舟西湖，游山玩水，一玩就是一整天，半夜里才尽欢而罢，登岸回城。这时，城内的夜市尚未打烊，城中士女云集，夹道围观苏东坡等人骑着高头大马，喧喧闹闹回衙府。

也就是说，假如荥阳公子生活在宋朝，入夜之后，他还可以继续与李娃聊天，不必急忙回家，他也可以带着李娃逛夜市，不用担心"犯夜"。因为唐朝的宵禁制度，到了宋朝时，便松懈下来了。

北宋前期，城门宵禁制度还保留，不过宵禁的时间已经比唐朝时大大缩短，城内则已无宵禁时间制。唐朝的宵禁大约从晚上7点钟开始，到次日早晨4点结束，宵禁时间大约9个小时。北宋初的宵禁则是从夜里11点开始，到凌晨3点结束，宵禁时间只有4个小时，缩短了5个小时。——不要小瞧这短短的几个小时，它可以让许多市民过上丰富的夜生活了：游玩、逛街、购物、饮酒、会友聊天、看演出……

到了北宋中后期，宵禁制度基本上就作废了，连街鼓都没有人去敲它，南宋的学生读到唐诗中的"街鼓"，都一脸茫然，不知道街鼓到底是什么东西。这就是陆游说的："京都街鼓今尚废，后生读唐诗文及街鼓者，往往茫然不能知。"

因为宵禁制度松弛下来，宋朝城市形成了热闹的夜市，商铺、饭店、酒楼、茶坊在夜间都开门营业，直到深夜1点钟才打烊，凌晨三四点钟又开始打开店门，售卖早点与洗脸热水。有些酒楼甚至是24小时营业的，通宵不打烊。即便是寒冬腊月，大风雪天气，还有夜市。我们去看北宋张择端的《清明上河图》，会发现图中的豪华酒楼都挂着灯笼，打出灯箱广告，这灯箱广告内置蜡烛，入夜后会点燃，在夜色中十分显眼，有点像今天都市里的霓虹灯广告。

酒楼为什么要打出灯箱广告？原因很简单，因为宋朝的酒店夜间也会营业。一入夜，这些酒楼"灯烛荧煌，上下相照"。酒楼里面的歌伎

宋张择端《清明上河图》中的灯箱广告，商家挂出灯箱广告，意味着夜经济的繁荣

浓妆艳抹，打扮入时，等候客人叫唤，"望之宛若神仙"。她们的工作就是给客人陪酒，歌舞助兴。

可以这么说，唐朝的夜晚是昏暗的，而宋朝的夜晚则是灯火通明的。

北宋东京的马行大街，"人物嘈杂，灯光照天"，燃烧的烛油熏得整条街巷连蚊子都不见一只，所以宋朝人说："天下苦蚊蚋，都城独马行街无蚊蚋。"

我想，如果1000年前就有卫星地图，人们将会发现，入夜之后，全世界许多地方都陷入一片漆黑，只有宋朝境内的城市，还是灯光明亮。

要说唐朝人的夜晚，其实也有彻夜不眠的夜生活，但这不眠之夜通常只属于贵族官宦之家，就如一首唐诗所形容的："六街鼓绝尘埃息，四座筵开语笑同。"市井的冷清与朱门的喧闹，构成强烈的对比。到了宋代，这样的对比竟然颠倒过来——夜间市井的喧哗、酒楼传出的丝竹歌笑之声，将豪华的皇宫衬托得冷冷清清，以至宫人忍不住向宋仁宗吐槽："官家且听，外间如此快活，都不似我宫中如此冷冷落落也。"

听说不少朋友很向往大唐，想穿越回去，这里我要提醒他们：如果你是夜猫子，习惯晚上出来逛街、喝酒，那就别穿越到唐朝了，要穿越的话，也应该穿越到宋朝。因为，穿越到唐朝你会不适应的，宋朝显然更容易适应一些。

现在，我们就到宋朝的夜市逛逛，亲身感受一下宋朝夜晚的繁华。首先我们会听到各种叫卖声——

熟食小贩："螃蟹、蛤蜊、鳝鱼、羊头肚肺、批切羊头、旋煎羊白肠、旋炙猪皮肉、炸冻鱼头、野鸭肉，一份30文。客官，来一份？"

首饰店伙计："小店新到几只琉璃发簪，这几位小娘子，要不要进来看看？"

酒馆伙计："新酒开坛，免费试尝，一人一盏。"

算命先生："蒋星堂算卦，一卦20文，不准不要钱。"

宋朝的夜市，灯火辉煌，人声鼎沸，热闹非凡。你可以逛街，走累了可以坐下来，吃点宵夜，你也可以到店铺、摊点购物，到茶坊喝茶，到酒肆饮酒，也可以到瓦舍勾栏观赏文娱演出。夜市里，不但有开门迎客的酒楼茶坊，还有贩卖各种美食、果子与饮料的流动摊点；不但有让人流连忘返的瓦舍勾栏，还有走江湖的艺人在街头卖艺。

宋朝人喜欢算卦，所以夜市里又有许多卖卦人，这些卖卦人为了招徕顾客，都给自己的卦摊起了噱头十足的名号，什么"蒋星堂""玉莲相""玉壶五星""草窗五星""鉴三命""桃花三月放"，有的卖卦人甚至喊出"时运来时，买庄田，娶老婆"的广告。

夜市这么热闹，爱热闹的宋朝人怎能不逛夜市？《水浒传》里，有一年元宵节，李逵听说燕青想潜入东京城看花灯，便嚷着也要跟着去，因为梁山泊穷山恶水，平日也没有什么娱乐。燕青只好带着李逵，乔装打扮，悄悄溜进东京城。入城第一件事就是先投桑家瓦舍而来，只听得勾栏内锣响，说书人开始讲《三国志》，李逵定要入去，燕青只得和他挨在人丛里，听讲评书。

宋张齐翰（传）《秉烛夜游图》，台北"故宫博物院"藏

　　不过，我们也不要以为出门逛夜市的人都是李逵、燕青这样的男人，而女孩们都是躲在深闺无人识，大门不出，二门不迈，其实，宋朝的女孩子也是可以享受都市夜生活的。东京的潘楼东街巷，街北有一家茶铺，内设仙洞仙桥，"仕女往往夜游，吃茶于彼"。

　　有钱又有闲的宋朝士大夫也爱逛夜市。宋真宗时，天下无事，国泰民安，士大夫闲暇之时，多宴饮于酒楼，日以继夜，只有晏殊躲在家中读书。后来，真宗皇帝给太子选老师，选中了晏殊。宰相们都觉得很奇怪，因为那时候，晏殊还很年轻，当太子老师似乎嫩了点。

　　为什么皇帝不选德高望重的士大夫，却选了年轻的晏殊呢？真宗皇帝说："近闻馆阁臣僚无不嬉游宴赏，从早喝到晚。只有晏殊闭门不出，与兄弟读书，如此谨厚，正好当东宫官。"

　　晏殊听了，很不好意思地说："臣非不想出去宴游，只是家中贫穷，拿不出闲钱。臣若是有钱，也会出去游乐，因为没钱，才不敢出门。"

　　这才是实话嘛。宋朝的市井间那么繁华，谁不想见识见识呢？

参考资料

古籍

孟元老撰，伊永文笺注：《东京梦华录笺注》，中华书局，2006年8月。

吴自牧撰，阚海娟校注：《梦粱录新校注》，巴蜀书社，2013年11月。

周密著，李小龙、赵锐评注：《武林旧事》，中华书局，2007年9月。

陶穀、吴淑：《清异录·江淮异人录》，上海古籍出版社，2012年11月。

王明清：《摭青杂说》，商务印书馆，1939年。

苏轼撰，王松龄点校：《东坡志林》，中华书局，1981年9月。

叶梦得：《石林燕语》，中华书局，1984年5月。

周密：《齐东野语》，中华书局，1983年11月。

陈元靓撰，许逸民点校：《岁时广记》，中华书局，2020年6月。

蔡絛撰，冯惠民校：《铁围山丛谈》，中华书局，1983年9月。

中国社会科学院历史研究所宋辽金元史研究室点校：《名公书判清明集》，中华书局，2002年6月。

洪楩：《清平山堂话本》，中华书局，2001年9月。

《新刊大宋宣和遗事》，中国古典文学出版社，1954年11月。

赵明诚撰，金文明校证：《金石录校证》，广西师范大学出版社，2005年10月。

洪刍、陈敬：《香谱·陈氏香谱》，浙江人民美术出版社，2016年1月。

冯梦龙：《喻世明言》《警世通言》《醒世恒言》，岳麓书社，1989年1月。

施耐庵、罗贯中：《水浒传》，人民文学出版社，1997年1月。

曹雪芹、高鹗：《红楼梦》，人民文学出版社，1996年12月。

北京大学古文献研究所编：《全宋诗》，北京大学出版社，1999年12月。

唐圭璋编：《全宋词》，中华书局，2005年1月。

论文与论著

肖兴义：《辽代植毛骨质牙刷与古代植毛牙刷考证》，《文物鉴定与鉴赏》2010年第5期。

韦兵：《黄道十二宫与星命术：文人和他们的摩羯宫》，《文史知识》2015年第3期。

李合群：《论中国古代里坊制的崩溃——以唐长安与宋东京为例》，《社会科学》2007年第12期。

毛华松：《论中国古代公园的形成——兼论宋代城市公园发展》，《中国园林》2014年第1期。

葛金芳：《宋代经济：从传统向现代转变的首次启动》，《中国经济史研究》2005年第1期。

朱瑞熙：《宋代的节日》，《上海师范大学学报（哲学社会科学版）》1987年3月。

张邦炜：《宋代婚姻家族史论》，人民出版社，2003年12月。

李华瑞：《宋代酒的生产和征榷》，河北大学出版社，2001年6月。

彭信威：《中国货币史》，上海人民出版社，2007年12月。

漆侠：《宋代经济史》，中华书局，2009年9月。

汪圣铎：《两宋货币史》，社会科学文献出版社，2003 年 9 月。

黄纯艳：《宋代海外贸易》，社会科学文献出版社，2003 年 3 月。

于左：《玩在宋朝》，商务印书馆，2012 年 10 月。

王福鑫：《宋代旅游研究》，河北大学出版社，2007 年 12 月。

沈冬梅：《茶与宋代社会生活》，中国社会科学出版社，2007 年 8 月。

虞云国：《水浒乱弹》，中华书局，2008 年 12 月。

王学泰：《"水浒"识小录》，广西师范大学出版社，2012 年 11 月。

周宝珠：《宋代东京研究》，河南大学出版社，1992 年 4 月。

李春棠：《坊墙倒塌以后》，湖南人民出版社，2000 年 1 月。

吴钩：《风雅宋：看得见的大宋文明》，广西师范大学出版社，2018 年 6 月。

吴钩：《宋：现代的拂晓时辰》，广西师范大学出版社，2015 年 9 月。

柏清韵著，刘晓、薛京玉译：《宋元时代中国的妇女、财产及儒学应对》，中国社会科学出版社，2020 年 10 月。

谢和耐著，黄建华、黄迅余译：《中国社会史》，江苏人民出版社，2008 年 4 月。

马可·波罗著，沙海昂注，冯承钧译：《马可波罗行纪》，上海古籍出版社，2014 年 3 月。